BestMasters

Mit **„BestMasters“** zeichnet Springer die besten Masterarbeiten aus, die an renommierten Hochschulen in Deutschland, Österreich und der Schweiz entstanden sind. Die mit Höchstnote ausgezeichneten Arbeiten wurden durch Gutachter zur Veröffentlichung empfohlen und behandeln aktuelle Themen aus unterschiedlichen Fachgebieten der Naturwissenschaften, Psychologie, Sozialwissenschaften, Technik und Wirtschaftswissenschaften. Die Reihe wendet sich an Praktiker und Wissenschaftler gleichermaßen und soll insbesondere auch Nachwuchswissenschaftlern Orientierung geben.

Springer awards **"BestMasters"** to the best master's theses which have been completed at renowned Universities in Germany, Austria, and Switzerland. The studies received highest marks and were recommended for publication by supervisors. They address current issues from various fields of research in natural sciences, psychology, social sciences, technology, and economics. The series addresses practitioners as well as scientists and, in particular, offers guidance for early stage researchers.

Johannes Falk

Songwriting in der ambulanten, adjuvanten Borderline-Therapie

Eine Analyse der Wirkfaktoren und Potenziale

Springer

Johannes Falk
Hochschule für Musik und Kreativwirtschaft
Popakademie Baden-Württemberg Mannheim
Mannheim, Deutschland

ISSN 2625-3577 ISSN 2625-3615 (electronic)
BestMasters
ISBN 978-3-658-49410-0 ISBN 978-3-658-49411-7 (eBook)
https://doi.org/10.1007/978-3-658-49411-7

Die Deutsche Nationalbibliothek verzeichnet diese Publikation in der Deutschen Nationalbibliografie; detaillierte bibliografische Daten sind im Internet über https://portal.dnb.de abrufbar.

Planung/Lektorat: Friederike Lierheimer
Springer ist ein Imprint der eingetragenen Gesellschaft Springer Fachmedien Wiesbaden GmbH und ist ein Teil von Springer Nature.
Die Anschrift der Gesellschaft ist: Abraham-Lincoln-Str. 46, 65189 Wiesbaden, Germany

Zusammenfassung

Diese Forschungsarbeit untersucht die Wirkfaktoren und Potenziale des Songwritings in der ambulanten, adjuvanten Borderline-Therapie im Rahmen des interdisziplinären Pilotprojekts des Zentralinstituts für Seelische Gesundheit (ZI) und der Popakademie Mannheim. Über einen Zeitraum von vier Monaten nahmen ambulante Borderline-Patient*innen an einem speziell konzipierten Songwriting-Kurs teil. Ziel der Arbeit ist es, die therapeutischen Wirkungen und Möglichkeiten des Songwritings zu analysieren und aufzuzeigen, wie dieses kreative Verfahren in die Behandlung integriert werden kann. Aufgrund des spezifischen Untersuchungsbereichs und des bisher geringen Kenntnisstands wurde ein exploratives Mixed-Methods-Forschungsdesign gewählt, das qualitative und quantitative Methoden kombiniert, um die subjektiven Erlebnisse der Teilnehmer*innen (TN) zu erfassen und zu evaluieren. Die Ergebnisse zeigen, dass der Songwriting-Prozess inklusive der in diesem Projekt verwendeten methodischen Ansätze nicht nur als kognitive und ästhetische Erfahrung, sondern auch als emotionaler Ausdruck eine bedeutende Rolle für die TN spielt. Der Kurs bot den Patient*innen die Möglichkeit, in einem nicht-invasiven, wertfreien Rahmen neue Wege des Selbstausdrucks und der Selbstwirksamkeit zu erleben. Des Weiteren diskutiert die Arbeit praktische Implikationen der gewonnenen Erkenntnisse und bietet Anregungen für zukünftige Forschungsansätze.

Inhaltsverzeichnis

1 Einleitung

„Manchmal frage ich mich, wie all diejenigen, die nicht schreiben, komponieren oder malen, dem Wahnsinn, der Melancholie und der Angst entkommen können, die der menschlichen Existenz innewohnen“ (Greene, 1981, S. 285). Graham Greene (1904–1991), Schriftsteller, Drehbuchautor, Literaturkritiker und einer der bedeutendsten englischsprachigen Autoren des 20. Jahrhunderts, erkannte für sich die besondere Kraft und das Potenzial der Kunst und ihrer kreativen Prozesse. Kunst und Musik waren für Greene nicht nur Ausdruck von Ästhetik und Schönheit, sondern auch Auswege, um den dunklen Seiten des Lebens zu entfliehen, sowie Mittel, um mit emotionalen und existenziellen Herausforderungen umzugehen. Die Erkenntnis, dass der Kunst eine transformative und therapeutische Kraft innewohnt, geht allerdings weit in die Geschichte der Menschheit zurück. Schon in vorgeschichtlicher Zeit waren Tanz und Musik zentrale Bestandteile des rituellen Heilens (Gasenzer & Neugebauer, 2011). Offensichtlich hatte der Mensch schon früh erkannt, dass Musik eine Macht hat, die zum Kern des Menschseins führt (Sacks, 2006). Warum Musik diese Kraft und Macht hat, blieb dabei lange Zeit ein Mysterium. Die fachliche Trennung von Geistes- und Naturwissenschaften trug sicherlich dazu bei, dass die Beziehung zwischen Musik und Medizin allmählich in Vergessenheit geriet (Gasenzer & Neugebauer, 2011). Doch durch die Fortschritte in der Neurologie, Psychiatrie und der daraus entwickelten Musiktherapie wird in der Wissenschaft heute kaum noch darüber diskutiert, ob Musiktherapie wirksam ist. Diese Frage gilt weitgehend als beantwortet. Die umfassende meta-analytische Studie von Gold et al. (2004) zur Überprüfung der Auswirkung von Musiktherapie bei Kindern und Jugendlichen mit einer psychopathologischen Erkrankung ist da nur ein Beispiel von vielen, die die signifikante Wirkung von Musik im therapeutischen Kontext unterstreicht. Aktuell lässt sich in der Forschung ein deutlicher Trend erkennen, der die Neuroplastizität des Gehirns im Zusammenhang mit Musik untersucht. Mithilfe

J. Falk, *Songwriting in der ambulanten, adjuvanten Borderline-Therapie*, BestMasters, https://doi.org/10.1007/978-3-658-49411-7_1

moderner Methoden wird erforscht, wie Musik wirkt, und es besteht kein Zweifel daran, dass sie vielfältige Veränderungen im menschlichen Gehirn bewirken kann (Jäncke, 2024). Eine für die praktische Anwendung komplexe und relevante Frage lautet jedoch: Welche Form der Musiktherapie ist in welchem Setting am effektivsten, um spezifische Therapieziele zu erreichen (Gold et al., 2004)? Die vorliegende Forschungsarbeit und das zugrunde liegende Kurskonzept können hierfür einen Ansatz bieten.

1.1 Vom unerkannten Potenzial

Eine gängige und durchaus auch bedeutende Methode der Musiktherapie ist das Anhören und Nachspielen von Songs. Sie gehören neben der Improvisation, dem rezeptiven Anhören von Musik und Aufführungen zu den grundlegenden Werkzeugen eines Musiktherapeuten (Ruud, 2005, S. 9). Doch wie verhält es sich mit dem eigenen Songwriting, bei dem die Klienten selbst kreativ tätig werden und sämtliche Schritte des kreativen Prozesses durchlaufen – vom leeren Blatt Papier über die erste Idee und das Brainstorming bis hin zum fertigen Text und der Komposition? Hier zeigen sich insbesondere im internationalen Vergleich in der therapeutischen Anwendung einige Lücken. Dass der Schreibprozess eines Songs ebenso eine transformative Kraft besitzt wie die Musik selbst, hat sich hierzulande noch nicht durchgesetzt. Jeff Tweedy (2022) Gründungsmitglied, Sänger und Songwriter der Band Wilco schreibt, dass für ihn jeder Song, jeder Akt der Kreativität ein Akt des Trotzes ist, in einer Welt, die sich scheinbar unaufhaltsam zerstört. Offensichtlich nutzt Tweedy das Songschreiben, so wie Greene die Kunst, nicht nur um sich zu verwirklichen, sondern auch um persönliche Konflikte und die Herausforderungen des Lebens zu verarbeiten.

1.2 Musik und Mental Health – krankmachendes oder gesundheitsförderndes Umfeld

In der bisher größten Umfrage im Vereinigten Königreich, die von der führenden unabhängigen Musik-Wohltätigkeitsorganisation „Help Musicians UK“ in Auftrag gegeben wurde, wurden über 2.000 Berufsmusiker*innen überwiegend aus dem populären Bereich zum Thema Musik und mentale Gesundheit befragt. Eine zentrale Erkenntnis der Studie war, dass das Schreiben und Produzieren von Songs für die Mehrheit der Befragten eine therapeutische Wirkung hat, während das Musikgeschäft, in dem sie tätig sind, sie krank macht

(Gross & Musgrave, 2016). Das bedeutet, ein bewertendes Umfeld kann zur Entstehung von Erkrankungen beitragen. Musik innerhalb eines therapeutischen Kontextes hingegen bietet einen nicht-invasiven und wertfreien Rahmen, der Patient*innen die Möglichkeit gibt, Fähigkeiten zu entfalten, die in anderen Kontexten möglicherweise verborgen bleiben würden (Gold et al., 2004). Angesichts dieser Tatsache, dass viele Berufsmusiker*innen den Schöpfungsprozess als Ressource nutzen, stellt sich die Frage, warum die Musiktherapie diesen Bereich noch nicht umfassend für sich erschlossen hat. Diese „*Lücke*“ hinsichtlich des Potenzials des Songwriting-Prozesses will diese Forschungsarbeit schließen.

1.3 Ausgangslage und Aufbau der Arbeit

Ausgehend von dem durchgeführten interdisziplinären Pilotprojekt des Zentralinstituts für Seelische Gesundheit (ZI) und der Popakademie Mannheim, bei dem ambulante Borderline-Patient*innen über vier Monate an einem speziell konzipierten Songwriting-Kurs teilnahmen, sollen die verschiedenen Wirkfaktoren und Potenziale des Songwritings analysiert werden. Aufgrund des spezifischen Untersuchungsbereichs und des bisher geringen Kenntnisstands wurde ein exploratives Forschungsdesign gewählt (Stein, 2022), um neue Erkenntnisse zu den Auswirkungen des Songwritings und den subjektiven Erfahrungen der Teilnehmer*innen (TN) zu gewinnen. Daraus leiten sich drei zentrale Fragen ab, die in dieser Arbeit anhand des Mixed-Methods-Ansatzes beantwortet werden sollen:

- Welches therapeutische Potenzial bietet der Songwriting-Prozess als adjuvante Maßnahme in der ambulanten Behandlung von Borderline-Patient*innen?
- Inwiefern trägt der Songwriting-Prozess zur Förderung ihres subjektiven emotionalen und sozialen Erlebens bei?
- Welche methodologischen Ansätze und Wirkfaktoren unterstützen ihre kreative und emotionale Ausdrucksfähigkeit?

Im ersten Teil der Arbeit erfolgt eine Darstellung des theoretischen Rahmens zur Borderline-Persönlichkeitsstörung (BPS) mit Fokus auf das Krankheitsbild, die Diagnose und Behandlung. Des Weiteren wird das interdisziplinäre Kooperationspilotprojekt zwischen der Popakademie Mannheim und dem ZI erläutert sowie die im Projekt angewandten Ansätze, Methoden und Kreativprozesse.

Das Methodenkapitel beschreibt ausführlich die angewandten Datenerhebungsmethoden, einschließlich der Auswahl der TN, der Durchführung von

Expertinnen-Interviews, der Befragungen der TN sowie der Beobachtungen. Anschließend folgt die Präsentation und Analyse der Ergebnisse.

In der Diskussion werden die Ergebnisse kritisch reflektiert und in den relevanten Kontext eingeordnet. Es wird erörtert, welche praktischen Implikationen sich aus den Ergebnissen ergeben und welche potenziellen Ansätze für zukünftige Forschungen aus den Erkenntnissen der Arbeit abgeleitet werden können.

1.4 Der Songwritingprozess ein Potenzialentfalter?

Das Komponieren eines Songs, das Schreiben eines Songtextes und das Kreieren einer Melodie sind kognitive, ästhetische und emotionale Prozesse, die individuell erfahren werden müssen. Wie Hüther (2011) betont, kann man Menschen nicht zwingen, ihr kreatives Potenzial zu entfalten; vielmehr kann man sie nur einladen, ermutigen und vielleicht inspirieren. Kreativität lässt sich nicht ärztlich verordnen. Das Kurskonzept dieser Arbeit war entsprechend als Einladung an eine spezifische Gruppe von Menschen gestaltet, um ihnen die Möglichkeit zu bieten, in einem sicheren Umfeld neue Erfahrungen zu gewinnen und im Sinne des ‚Kennenlernens' auf positive Veränderungen zu hoffen. Inwieweit dies gelungen ist, wird in den folgenden Kapiteln dieser Arbeit untersucht.

2 Theoretischer Rahmen

Im nachfolgenden Kapitel werden zunächst die Definition sowie das Krankheitsbild der Borderline-Persönlichkeitsstörung (BPS) erläutert, einschließlich spezifischer Symptome, Diagnosekriterien und aktuellen Therapiemethoden. Im weiteren Verlauf wird die Rolle der Musiktherapie als ergänzende therapeutische Intervention näher beleuchtet. Abschließend erfolgt ein Vergleich der therapeutischen Ziele der traditionellen Musiktherapie und des Songwritings als therapeutische Ansätze.

2.1 Definition und Merkmale des Störungsbegriff Borderline

Der Begriff Borderline wurde 1938 vom Psychoanalytiker Adolf Stern geprägt (Bohus, 2019). Stern beobachtete im Rahmen seiner Arbeit eine Gruppe von Patienten, die auf eine klassische psychoanalytische Behandlung nicht ansprach. Er beschrieb eine Konstellation von Symptomen in dieser Gruppe, die eng mit den heutigen Diagnosekriterien der Borderline-Persönlichkeitsstörung verwandt ist und bezeichnete die Patienten als „Borderline-Gruppe“ (Bateman, 2011). „Der Terminus *Borderline* meinte damals eine unscharfe und fluktuierende Grenzlinie zwischen Psychose und Neurose“ (Bohus, 2019, S. 3). „Menschen, die in diesem Grenzbereich leben, wird ein Krankheitsbild zugeordnet, das bereits vor mehr als einhundert Jahren mit dem Begriff Hysterie beschrieben worden ist. Es inkludiert in seiner ursprünglichen Bedeutung alle Störungen, die durch emotionale Konflikte ausgelöst werden“ (Sutor, 2022, S. 3). Bis in die 1980er-Jahre galt die BPS als kaum behandelbar (Bohus, 2019). Heute wird die BPS als eine schwerwiegende, chronisch psychische Erkrankung eingestuft, die zu den Persönlichkeitsstörungen zählt (Stiglmayr, 2022).

J. Falk, *Songwriting in der ambulanten, adjuvanten Borderline-Therapie*, BestMasters, https://doi.org/10.1007/978-3-658-49411-7_2

Das Hauptmerkmal der BPS ist durch ein anhaltendes Muster von Instabilität in zwischenmenschlichen Beziehungen im Sinne einer durchgängigen Affektlabilität gekennzeichnet (Stiglmayr, 2020). Häufige, intensive, wechselhafte Emotionen, eine tiefgreifende Angst vor dem Verlassenwerden, impulsives Verhalten, wiederkehrende Selbstverletzungen, Suizidgedanken und ein gestörtes Selbstbild sind Symptome, die von Betroffenen als nur schwer kontrollierbar erlebt werden (Taubner, 2020). Das selbstverletzende Verhalten, Suizidversuche und exzessiver Drogen- und Alkoholkonsum, Hochrisikoverhalten wie z. B. das Spazierengehen auf Bahngleisen, dienen in der Regel dazu, die aversiven Spannungen zu beenden. Nach Stiglmayr (2020) sind BPS-Patient*innen ausgesprochen gequälte Menschen, sodass aus diesem Grund bis zu 80 % der Betroffenen Hilfe im Gesundheitssystem suchen.

2.2 Diagnostische Kriterien

Für die Diagnostik der Persönlichkeitsstörungen werden in der Regel die zwei Klassifikationssysteme ICD-11 (International Classification of Diseases, 11th Revision) der Weltgesundheitsorganisation (WHO) und das DSM-5 (Diagnostic and Statistical Manual of Mental Disorders, 5th Edition) der American Psychiatric Association herangezogen (Bohus, 2019). Erst 1980 konnten mit der Aufnahme der BPS in das DSM-III in der Forschung neue Weichen gestellt werden. Im Laufe der Jahre wurden die diagnostischen Kriterien für eine BPS dem aktuellen Forschungsstand angepasst, sodass gegenwärtig gemäß DSM-5 eine Diagnose auf Grundlage eines Katalogs von neun Kriterien erfolgen kann, von denen zur Feststellung der Störung fünf erfüllt sein müssen (Sutor, 2022). Der Diagnose nach DSM-5 geht erst eine Prüfung der allgemeinen Kriterien voraus. Sind diese vollständig erfüllt, wird im zweiten Schritt der Subtypus spezifiziert. Diese weitgefächerte Symptomatik von Patient*innen mit BPS lässt sich auf klinischer Ebene in drei Dimensionen gliedern, die sich wechselseitig beeinflussen: Emotionsregulationsstörung, Identitätsstörung und Störung der sozialen Interaktion (Bohus, 2019).

2.3 Behandlung der Borderline-Persönlichkeitsstörung

Für die Behandlung der BPS werden unterschiedliche Therapiekonzepte angewandt wie z. B. die Transference Focused Therapy (TFP) nach Kernberg, die Mentalisierungsbasierte Therapie nach Fonagy, der Schematherapie nach Young oder die Dialektisch-Behaviorale-Therapie (DBT) nach Linehan, „wobei die DBT aufgrund ihrer vergleichsweise vielen Wirksamkeitsnachweise in den S3-Leitlinien für Persönlichkeitsstörungen deutscher Fachgesellschaften mit dem höchsten Evidenzgrad geführt wird“ (Stiglmayr, 2020). „Zudem ist sie derzeit in Deutschland das am weitesten verbreitete störungsspezifische Behandlungsprogramm für BPS“ (Bohus, 2019). Auch das ZI Mannheim arbeitet nach dem Konzept der DBT. Aus diesem Grund wird in diesem Kapitel nur auf das Behandlungskonzept der DBT eingegangen.

2.4 Dialektisch-Behaviorale-Therapie (DBT)

„Die DBT wurde in den 1980er-Jahren als manualgestützte verhaltenstherapeutisch orientierte Therapie von Marsha Linehan entwickelt“ (Stiglmayr, 2020, S. 140). Nach Sutor (2020) vereint die DBT wissenschaftliche Grundlagen, Spiritualität und Dialektik. Sie umfasst demnach ein weites Spektrum an therapeutischen Methoden aus den Bereichen der Verhaltenstherapie, der kognitiven Therapie, der Gestalttherapie, der Hypnotherapie und der Achtsamkeits-Praxis (Bohus, 2019). „Gerade durch die Integration der dialektischen Prinzipien wurden Wege für das Verstehen der Borderline-Problematik […] geöffnet“ (Sutor, 2020, S. 87). Linehan orientierte sich in ihrem Ansatz an Hegels Definition der Dialektik, die den Prozess beschreibt, bei dem eine These durch eine entgegengesetzte Antithese herausgefordert wird, um schließlich zu einer Synthese zu gelangen, die die Akzeptanz und Integration von Gegensätzen beinhaltet. Da BPS-Patient*innen nicht in der Lage sind, zu glauben, dass zwei Positionen gleichzeitig wahr sein können, bezeichnete Linehan die typischen Verhaltensweisen als Scheitern an der Dialektik (Sutor, 2020). Demnach lautet eines der Leitprinzipien der DBT entsprechend: *„Balance acceptance and Change“* (Bohus, 2019). Nach Sutor (2020) sucht die Dialektik den Mittelweg zwischen Akzeptanz und Veränderung.

Ein wichtiger Baustein und von hoher Bedeutung in der DBT-Therapie ist das sogenannte Skill-Training. „Dies sind zunächst einfache mentale Selbstinstruktionen, […] die darauf zielen, automatisierte dysfunktionale Muster zu unterbrechen und durch funktionale, mentale oder verhaltensbasierte Muster zu ersetzten“ (Bohus, 2019, S. 22). Die ambulante Therapie von BPS-Patient*innen ist auf ein bis drei Jahre angelegt. Dabei ist der Ablauf klar strukturiert und in mehrere Behandlungsstadien unterteilt. In der ersten Therapiephase liegt der Schwerpunkt auf der Stabilisierung der Patient*innen, indem suizidale und selbstverletzende Verhaltensmuster reduziert und durch alternative funktionale Skills und Strategien ersetzt werden (Hohmann et al., 2021). In Phase zwei geht es vorrangig um die Bearbeitung von Problemen des emotionalen Erlebens sowie die Erhöhung der emotionalen Belastbarkeit (Stiglmayr, 2022). Bei Vorliegen einer komorbiden psychischen Störung wird diese ebenfalls in Phase 2 behandelt. „Das abschließende *dritte Therapiestadium* dient der Gestaltung eines sinnerfüllten Lebens sowie des tiefen inneren Annehmens der eigenen Person“ (Stiglmayr, 2022, S. 140). „Der Start in ein neues Leben wird vorbereitet, indem Ziele, Bedürfnisse und Werte besprochen bzw. in Erinnerung gebracht werden“ (Sutor, 2020, S. 91).

2.5 Warum gerade Musik?

Musiktherapie wird gegenwärtig häufig adjuvant zur Behandlung psychischer Störungen eingesetzt (Marese, 2020). Vermutlich schon seit Jahrtausenden wurden musikalische Interventionen in verschiedenen menschlichen Kulturen als Heilmittel eingesetzt (Spahn et al., 2024, S. 20). Ein bekanntes und frühes Beispiel findet sich in der Bibel: David mit der Harfe, der den manisch-depressiven König Saul durch das Spiel auf seiner Harfe beruhigte. Auch „in der Antike gingen die Griechen von einer emotional positiven, befreienden Wirkung von Musik auf die menschliche Psyche aus“ (Roden et al., 2024, S. 488). Die Kirche erkannte ebenso Mitte des 17. Jahrhunderts die Kraft der Musik für sich. Der Jesuiten Pater Athanius Kirchner erörterte in seinem Buch „Phonurgia Nova“ 1673 die heilsame Wirkung von Musik: „Die Nerven und Musculi in dem menschlichen Leibe werden wie die Saiten eines Instruments durch die Music beweget […] daher auch ein um Sorgen abgemattetes und gleichsam welkes Gemüt sich wiederum erholet und erfrischet“ (Kirchner, 1684). „Im Laufe des 18. Jahrhunderts wurde die therapeutische Wirkung von Musik verstärkt im Bereich seelischer Störungen eingesetzt, woraus sich die heutige Musiktherapie entwickelte“ (Spahn et al., 2024, S. 21). Die Wirkung von Musik nachzuweisen ist jedoch alles andere als trivial (Kölsch, 2019). Das mag daran liegen, dass Musik sich einfachen Definitionen entzieht, da sie nur in unseren Wahrnehmungen, Erfahrungen und Gefühlen existiert (Kreutz & Bernatzky, 2024, S. 1). Es ist daher nicht verwunderlich, dass der Wert der Musiktherapie als legitime Form der Psychotherapie in den letzten Jahren kontrovers diskutiert wurde (Krauss, 2019). Doch seit der Einführung der funktionellen Bildgebung des Gehirns haben die Neurowissenschaften erhebliche Fortschritte im Verständnis der neuronalen Korrelate der Musikwahrnehmung gemacht (Sacks, 2006). „Das Forschungsgebiet Musik in der Medizin ist von dynamisch wachsenden Wissensbeständen geprägt, die für die Zukunft vielversprechend erscheinen" (Kreutz & Bernatzky, 2024, S. 16). Zu erwähnen ist hier das Buch „Good Vibrations – Die heilende Kraft der Musik" von Prof. Stefan Kölsch in dem Kölsch hunderte Studien zusammengetragen und einige davon selbst durchgeführt hat, die den aktuellen Stand der Forschung wiedergeben. Alle wissenschaftlichen Befunde wurden interdisziplinär aus den Bereichen Psychologie, Medizin, Musik, Biologie und Musiktherapie zusammengetragen.

Für die vorliegende Arbeit, insbesondere in Bezug auf die spezifische Gruppe von TN mit einer BPS, war ein bestimmter Aspekt im Zusammenhang von Musik und Neurowissenschaft von besonderem Interesse: Schmahl et al., (2009) konnten in einer Studie nachweisen, dass bei BPS-Patient*innen mit einer Posttraumatischen Belastungsstörung (PTBS) das Volumen des Hippocampus signifikant verringert war. Sexueller Missbrauch, Misshandlung, Gewalt, emotionaler lebensbedrohlicher Stress werden mit dem geringeren Hippocampus-Volumen in Verbindung gebracht. Kölsch (2019) bestätigt dieses Ergebnis und weist darauf hin, dass traumatische Erfahrungen zum Absterben von Nervenzellen im vorderen Hippocampus führen und somit dessen Volumen verringern. „Nun kann Musik ausgerechnet den vorderen Teil des Hippocampus besonders aktivieren – also genau diejenige Emotionsstruktur im Gehirn, die bei [...] diesen Störungen Auffälligkeiten zeigt" (Kölsch, 2019, S. 200). Hochinteressant ist in diesem Zusammenhang, dass um den Hippocampus herum der „Gyrus dentatus" liegt, ein Bereich, in dem auch bei Erwachsenen neue Nervenzellen entstehen können, was vermuten lässt, dass Musik die Bildung neuer Nervenzellen stimulieren kann. Wenn sich also das Gehirn ständig verändert und neu verdrahtet, dann ist diese Information für Musiktherapeuten von großer Bedeutung, da sie über einzigartige Instrumente verfügen, um positive Veränderungen im Gehirn zu bewirken, über die Lebenspanne hinaus (Constantin, 2017). Bisherige Metaanalysen zeigen, dass die vorläufig positiven Ergebnisse noch erhärtet werden müssen. Dennoch kommen Kölsch (2019) und Constantin (2017) zu dem Schluss, dass aufgrund des klaren Zusammenhangs zwischen Musik, Aktivierung der Seele, chronischen Krankheiten und der Fähigkeit der Neurogenese sich die Empfehlung ergibt, Musik bei solchen Krankheiten therapeutisch einzusetzen und zu nutzen.

2.6 Musiktherapie als therapeutische Intervention

Die Musiktherapie ist ein Teilgebiet der Psychologie und Psychotherapie, das unter dem weit gefassten Begriff „expressive Kunsttherapie“ zusammengefasst wird (Krauss, 2019). Das Songwriting, also das Komponieren von Musik und das Verfassen von Texten, ist eine eigenständige Disziplin in der Musik. Interessanterweise wird der Vermittlung dieser Methoden an Musiktherapeut*innen während ihrer Ausbildung nur wenig Aufmerksamkeit gewidmet. Viel Zeit wird auf die Entwicklung von Fähigkeiten zum Singen, Musizieren und Improvisieren verwendet (Wigram, 2005, S. 264). Ein Blick in die Beschreibung des Berufsbildes der „Bundesarbeitsgemeinschaft Musiktherapie“ von 2019 untermauert Wigram's These. Zwar umfasst das aktive Verfahren in der Musiktherapie Musizieren auf Instrumenten, Singen, Bewegung und Tanz, doch das kreative Erschaffen eines Songs und das Verfassen von Songtexten spielen keine Rolle (BAG, 2019). Das mag zu einem Großteil daran liegen, dass das Songwriting spezifische Fähigkeiten und Kompetenzen voraussetzt, die typischerweise professionellen Musiker*innen und Songwriter*innen zugeschrieben werden. Dies könnte durch den vorliegenden interdisziplinären Ansatz behoben werden, um das therapeutische Potenzial der Musik zukünftig vollständig auszuschöpfen.

2.7 Songwriting als therapeutische Intervention

Die Besonderheiten des kreativen Prozesses beim Songwriting im Vergleich zur traditionellen Musiktherapie werden klar, wenn man deren Unterschiede und Ziele betrachtet. Während sich die traditionelle Musiktherapie auf das Hören, Spielen und Improvisieren konzentriert, um therapeutische Ziele wie z. B. emotionale Ausdrucksfähigkeit, soziale Interaktion und Stressabbau zu erreichen (Reimer & Kupski, 2021), dient das Schreiben von Liedern im therapeutischen Kontext einem anderen Zweck. Der Prozess und das Produkt des Songschreibens ist hier die therapeutische Intervention (Wigram & Baker, 2005, S. 14). Die Liedform bietet nicht nur eine Reihe von Möglichkeiten des Selbstausdrucks, sondern erlaubt es auch, Themen und Beziehungen zu verbalisieren, die lange Zeit totgeschwiegen wurden (Ruud, 2005, S. 10). Insbesondere BPS-Patient*innen können ihre quälenden Symptome meist nicht in Worte fassen (Sutor, 2019). Ein ästhetischer Kontext und eine künstlerische Ausdrucksweise können der Sprachlosigkeit ein Ende setzen und als ergänzende Ausdrucksform fungieren. Das Lied wird zu einem therapeutischen Gefäß für Gefühle und Emotionen anhand dessen die Patient*innen sehen können, woher sie kommen und wo sie stehen

(Wigram, 2005, S. 257). Ein hörbares, erfahrbares künstlerisches Werk in Form eines geschriebenen Songs. Dieser Ansatz kommt in Bezug auf kreative Therapieformen der Kunsttherapie am nächsten.

2.8 Songwriting als Beziehungserfahrung

Doch der therapeutische Prozess des Songwritings endet nicht mit der Fertigstellung des Songs. Der Prozess geht weiter, wenn das Lied geprobt und gesungen wird oder wenn das Lied Freunden und Familienangehörigen gezeigt oder vielleicht für sie sogar aufgeführt wird (Rolvsjord, 2005, S. 98). Das therapeutische Potenzial des Songwritings geht also aufgrund der Beziehungs- und Resonanzerfahrungen weit über die reine Ausdrucksform hinaus. Denn das produzierte „ästhetisch Neue wird mit Lebendigkeit und Experimentierfreude in Verbindung gebracht, und sein Hervorbringer erscheint als ein schöpferisches Selbst, das dem Künstler analog ist“ schreibt der Kulturwissenschaftler Andreas Reckwitz (2012, S. 10). In diesem Kontext, und um die Verbindung zur Neurowissenschaft erneut aufzugreifen, erweist sich das Zitat des Neurobiologen Gerald Hüther als passender Schlusspunkt für dieses Kapitel: „Nur wenn Menschen neue Erfahrungen von Selbstwirksamkeit, Gestaltungskraft und Entdeckerfreude am eigenen Körper machen und dabei ihre emotionalen Zentren aktivieren, können diese Erfahrungen auch nachhaltig in Form entsprechender neuronaler Verschaltungsmuster in ihrem Gehirn verankert werden“ (Hüther, 2011, S. 118).

Das Pilotprojekt: Ein interdisziplinärer Ansatz 3

Das vorliegende Kapitel beschreibt ausführlich das bereits erwähnte interdisziplinäre Pilotprojekt. Es beginnt mit einer Vorstellung der beteiligten Institutionen, gefolgt von einer Erläuterung der Intention und Ziele des Projekts. Im weiteren Verlauf werden Ablauf und Struktur des Kurses sowie die praktische Durchführung und die methodologischen Prozesse beschrieben.

3.1 Die Popakademie Baden-Württemberg

Die Popakademie Baden-Württemberg in Mannheim ist eine Hochschuleinrichtung und ein Kompetenzzentrum für die Musik- und Kreativwirtschaft sowie für popkulturelle Szenen. Mit einem spezialisierten Studienangebot, das sowohl wirtschaftliche als auch künstlerische Aspekte der populären Musik abdeckt, bietet sie eine in der deutschen Hochschullandschaft einzigartige akademische Ausbildung. Zusätzlich zu ihrer Funktion als Lehrinstitution realisiert die Popakademie Baden-Württemberg als Kompetenzzentrum zahlreiche Projekte auf regionaler, nationaler und internationaler Ebene.

3.2 Das Zentralinstitut für seelische Gesundheit Mannheim

Das Zentralinstitut für Seelische Gesundheit (ZI) in Mannheim ist eine führende Einrichtung im Bereich der Psychiatrie, Psychotherapie und psychosozialen Gesundheitsforschung. Gegründet im Jahr 1975, verfolgt das ZI das Ziel, die Prävention, Diagnostik, Therapie und Rehabilitation von psychischen Erkrankungen zu verbessern.

J. Falk, *Songwriting in der ambulanten, adjuvanten Borderline-Therapie*, BestMasters, https://doi.org/10.1007/978-3-658-49411-7_3

3.3 Intension und Ziele des Projekts

Die Konzeption eines Songwritingkurses als kreative Intervention und therapeutische Ergänzung für die Behandlung der BPS wurde von dem Diplom-Psychologen, Musiker und Dozent für Persönlichkeitsentwicklung an der Popakademie, Urban Elsässer entwickelt und vorgeschlagen. Das Ziel bestand zum einen darin, ein neuartiges, innovatives und kreatives Therapieformat zu entwickeln, das sich in die ambulante Behandlung von BPS-Patient*innen integrieren lässt und deren Therapieprozess unterstützt. Dabei wurde dem Songwriting einschließlich seiner Methoden und Prozesse ein hohes Potenzial zugeschrieben, diese therapeutische Wirkung zu entfalten. Nach Kreutz (2024, S. 411) benötigen viele erkrankte Menschen psychosozial wirksame, adjuvante Therapien, die helfen, die Lücke zwischen medizinischer Behandlung und der Wiedereingliederung in den Alltag zu schließen. Zum anderen entstand in diesem Zusammenhang die Überlegung, ob das interdisziplinäre Projekt ein neues, sinnerfüllendes und monetär lohnendes Berufsfeld für professionelle Musiker*innen darstellen könnte. Denn die wenigsten professionellen Musiker*innen können ausschließlich von ihrer Kunst leben. Die Mehrheit der freiberuflichen Berufsmusiker*innen generiert ihr Einkommen aus verschiedenen Einnahmequellen, wie beispielsweise Musikunterricht an Musikschulen, Privatunterricht oder das Spielen für mehrere Künstlerinnen und Künstler. In einer Studie zur wirtschaftlichen und sozialen Situation von freischaffenden Musiker*innen in NRW gaben 75 % von 195 Befragten an, dass sie mehrere Tätigkeiten ausüben und dass eine Kombination dieser Tätigkeiten zu ihrem Einkommen beiträgt (Barz, 2021).

Die Rollenverteilung in diesem Projekt wurde dennoch klar definiert: Die involvierten Profimusiker*innen übernehmen nicht die Funktion von Therapeuten, sondern die eines Katalysators, der die BPS-Patient*innen bei der Entfaltung ihres kreativen Potenzials unterstützt. Das hat den Vorteil, dass die Coaches sich prominent auf den künstlerischen Prozess fokussieren können, insbesondere darauf, die Voraussetzungen für einen kreativen Flow der TN zu schaffen. Das ist insofern erstrebenswert, da der Begriff „Flow“ einen Zustand des mentalen Aufgehens in einer Tätigkeit bezeichnet und dabei stressbelastete Gedanken weitgehend ausgeblendet werden (Theorell, 2024, S. 42). Dieser Zustand kann insbesondere für BPS-Patient*innen hilfreich sein, da er eine im Alltag selten erlebte appetente Emotion erzeugt (Suutor, 2022), die wiederum zu Entspannung und innerem Frieden führt (Kölsch, 2019).

Die Therapeut*innen des ZI sind dabei vor Ort und jederzeit ansprechbar, fungieren als Sicherheitssystem für die Patient*innen und Coaches im Falle von emotionaler Dysregulation bei den BPS-Patient*innen.

3.4 Ablauf und Struktur der interdisziplinären Zusammenarbeit

Vor der Umsetzung des Pilotprojekts gingen mehrere Gespräche zwischen den beiden Instituten, vertreten durch den damaligen Direktor der Popakademie, Prof. Udo Dahmen, und dem Ärztlichen Direktor des ZI, Prof. Dr. Christian Schmahl, voraus. Ebenso fand eine praktische Vorstellung des Projekts und der methodischen Ansätze statt, die von den drei Coaches im Rahmen eines Workshops am ZI in Mannheim präsentiert wurden.

Die Aufgabenverteilung zwischen den beiden Instituten wurde im Vorfeld detailliert besprochen und gemäß den jeweiligen Kompetenzbereichen festgelegt. Das ZI war für die Auswahl der Patient*innen verantwortlich und stellte die therapeutische Begleitung während der gesamten Projektdauer sicher. Die Popakademie war sowohl für die strukturelle und terminliche Planung des Kurses als auch für die kreative Betreuung der Patient*innen verantwortlich.

Als Veranstaltungsort wurde aus mehreren Gründen die Popakademie gewählt. Einer der Hauptgründe war die Schaffung eines neutralen Ortes außerhalb des klinischen Umfelds der Patient*innen, um die mit psychischen Erkrankungen häufig einhergehende Stigmatisierung zu verringern. Dadurch hatten die Patient*innen die Möglichkeit, sich weniger als „Patient*innen" und mehr als Teilnehmer*innen eines kreativen Projekts zu fühlen. Der realitäts- und praxisnahe Kontext sollte zudem dazu beitragen, die kreativen Fähigkeiten der TN in einem professionellen Umfeld weiterzuentwickeln. Des Weiteren wurde eine angenehme Atmosphäre angestrebt, die sich positiv auf das Wohlbefinden der TN auswirken sollte. Schließlich sprachen auch die professionellen technischen Voraussetzungen für die Nutzung der Räumlichkeiten der Popakademie.

Für das Pilotprojekt wurden zehn Termine festgelegt, die in einem 14-tägigen Zyklus stattfanden. Drei der Einheiten hatten eine Dauer von 3 Stunden, während die restlichen sieben Einheiten jeweils 90 Minuten umfassten. Die methodischen Ansätze werden im folgenden Abschnitt ausführlich behandelt.

3.5 Methodologische Ansätze

Der Kurs wurde nach drei kreativen Kernbereichen konzipiert, die sich an den drei zentralen Verfahren des Songwritings orientieren: dem textbasierten, dem kompositorischen und dem soundbasierten Ansatz. Der textbasierte Ansatz beinhaltet die Erarbeitung von Songtexten anhand von verschiedenen Schreibtechniken und

Übungen. Der kompositorische Ansatz umfasst die Erstellung von Akkordfolgen und Melodien. Der soundbasierte Ansatz impliziert die Nutzung von Loops, Samples und Sounds. Alle TN sollten dabei im Verlauf des Kurses diese drei Verfahren nach dem Rotationsprinzip kennenlernen und durchlaufen.

3.5.1 Der textbasierte Ansatz

Textbasierte Methoden umfassen verschiedene Techniken wie zum Beispiel Assoziationsketten, Brainstorming, Freewriting und Nonstop-Writing, Mindmapping oder Clustering. Alle Methoden verfolgen dabei das gleiche Ziel, den Einstieg in den Schreibprozess zu erleichtern, Ideen zu entwickeln und mittels unterschiedlicher kreativer Techniken zu einem zufriedenen Ergebnis zu kommen. Denn einen Anfang zu finden ist mitunter die herausforderndste Situation im kreativen Prozess. Stephen King erklärt in seinem Buch „On Writing – A Memoir of the Craft", dass der einschüchterndste Moment stets unmittelbar vor dem Beginn des Schreibens eintritt. Nach dem Start verringern sich die anfänglichen Hemmungen und der Schreibprozess wird fließender (King, 2000).

Um potenziell einschüchternde Momente zu vermeiden, wurden für die TN dieses Kurses gezielt die zugänglichsten Techniken ausgewählt, um ihnen den Einstieg so leicht wie möglich zu machen. In der Praxis hat sich der visuell-stimulierende Ansatz als äußerst wirksam und effektiv gezeigt. Er zeichnet sich durch seine niederschwellige Zugänglichkeit aus, da er es ermöglicht, Szenen visuell wahrzunehmen und unmittelbar Assoziationen herzustellen, Verbindungen zu knüpfen, zu interpretieren und Emotionen zu empfinden, ohne lange über ein Thema nachdenken zu müssen.

Der visuell-stimulierende Ansatz beinhaltet die Präsentation von Bildern an die TN mittels Kreativkarten. Für diesen Kurs wurden die OH-Karten von Moritz Egetmeyer (OH-Verlag) verwendet. Die Karten werden verdeckt in einem Stapel vor die TN gelegt. Diese ziehen eine Karte und ordnen dem Bild ad hoc einen assoziativen Begriff zu. Das kann ein fiktiver Songtitel oder ein einzelnes Wort sein. Anschließend führen die TN eine fünfminütige Schreibübung durch, die sich auf das Bild bzw. den Begriff oder Songtitel konzentriert. Im nächsten Schritt werden aus dem entstandenen Text markante Sätze und Schlüsselwörter identifiziert und hervorgehoben. Im darauffolgenden Schritt wird im co-kreativen Prozess und durch gezieltes und unterstützendes Anleiten des Coaches eine Storyline entwickelt. Zum Schluss besteht die Aufgabe darin, die Textfragmente zu sortieren, gegebenenfalls zu ergänzen und in eine Reim- und Songstruktur zu überführen, um dann im letzten Schritt den Songtext zu vertonen. Dieser Prozess nahm für die TN, die einen Songtext verfassten, 4–5 Sitzungen in Anspruch.

Fazit: Die spielerische Herangehensweise unterstützt die TN dabei, einen Songtext oder einen Teil eines Songtextes zu verfassen, den sie idealerweise als ihr eigenes Werk empfinden. Denn Liedtexte können den Betroffenen helfen, ihr Selbstbild und ihre Identität wiederzufinden (Marese, 2020). Der Text bietet ihnen die Möglichkeit, ihre persönlichen Bedürfnisse, Gefühle und Gedanken auszudrücken. Die gängige Songstruktur mit Strophen und Refrains hilft den TN dabei, Kernaussagen aus einem unstrukturiertem Brainstorming-Dokument herauszufiltern und dabei strukturell und formal vorzugehen. Gleichzeitig können die Patient*innen Themen in einem anderen Kontext auf künstlerische Weise verbalisieren. Der ästhetische Kontext und die Vertrautheit mit der Popmusik sollen die TN dazu ermutigen, auf kreative Weise ihre Bedürfnisse zu erkunden und ihren Gefühlen sowie Sehnsüchten Raum zu geben.

3.5.2 Der kompositorische Ansatz

Das Verb komponieren, abgeleitet aus dem Lateinischen *com-ponere,* bedeutet zusammensetzten, -stellen, -legen (Sachs, 2016). Diese Definition aus dem klassischen Latein kann in die Gegenwart mit der individuellen Auswahl und dem Zusammensetzen von Tönen, Melodiemotiven, Akkordsequenzen übersetzt werden, mit dem Ziel, ein Musikwerk zu erschaffen. Die Auswahl des kompositorischen Ansatzes, um dieses Ziel zu erreichen, vereint unterschiedliche Methoden und Praktiken. Da davon ausgegangen werden muss, dass bei einem solchen Kurs-Format durchaus TN dabei sind, die keinerlei musikalische Vorerfahrungen aufweisen, sollte auch hier wohl überlegt werden, welche Methoden sinnvoll eingesetzt werden können und vor allem welche Wirkung sie erzeugen.

Um den TN die Methoden des Kompositionsprozesses näherzubringen, liegt insbesondere zu Anfang der Fokus auf dem auditiven Wahrnehmen und gemeinsamen Analysieren von bekannten populären, aber sehr einfach strukturierten Stücken. Denn musikalische Fertigkeiten hängen auch mit guten Fertigkeiten des auditiven Gedächtnisses zusammen (Kölsch, 2019). Das Sensibilisieren und Erkennen von Dynamiken, Spannungsbögen und Akkordvariationen ist elementar, um die Erkenntnisse im nächsten Lernschritt durch Imitation zu vertiefen. Dabei werden den TN die leitereigenen Akkorde von C-Dur anhand von Farbkarten vorgelegt. Die leitereigenen Akkorde können in beliebiger Reihenfolge in einer 4- oder 8-taktigen Form kombiniert werden, erzeugen aber immer eine andere

Wirkung. Haben die TN musikalische Vorkenntnisse und beherrschen ein Instrument, werden sie dazu angeleitet, die unterschiedlichsten Akkord-Kombinationen auf einem Instrument zu spielen. Haben sie keine Vorkenntnisse, spielt der Coach den TN die Akkorde vor und eruiert mit ihnen im Gespräch die Wahrnehmung und Wirkung, um im Anschluss gemeinsam die Akkordmotive festzulegen. Ab diesem Punkt gehen Komposition und die Produktion des Songs Hand in Hand, indem der Coach alle Ideen mit seinem mobilen Studioequipment aufnimmt und festhält.

3.5.3 Kompositorische Schwerpunkte

Im weiteren Verlauf des Kompositionsprozesses nutzt der Coach einen Werkzeugkoffer an Methoden, die es den TN ermöglichen, vor dem Hintergrund formaler Gestaltungskriterien positive emotionale Referenzerfahrungen zu machen. Im Folgenden werden hier verschiedene methodische Schritte in ihrer Anwendung und Wirkung erläutert:

- Semantischer Schwerpunkt:

Melodien drücken bestimmte Emotionen oder Stimmungen aus. Beispielsweise kann eine aufsteigende Melodie Hoffnung oder Freude vermitteln, während eine absteigende Melodie Traurigkeit oder Enttäuschung ausdrückt (Kölsch, 2019). Ebenso werden Dur-Akkorde mit positiven Gefühlen assoziiert, während Moll-Akkorde traurige oder nachdenkliche Stimmungen hervorrufen. Formale semantische Faktoren wie die Struktur und Form eines Songs können durch Wiederholung Emotionen verstärken oder durch Kontraste Spannung erzeugen und diese auflösen.

- Kinetischer Schwerpunkt:

Die Kinetik in der Musik und innerhalb eines Songs bezieht sich auf die Bewegung und Energie z. B. in Form von Rhythmus, Tempo und Dynamik, aber auch auf die Artikulation der Melodie. Diese Elemente beeinflussen ebenso die Wahrnehmung und Wirkung eines Songs. Ein gleichmäßiger Rhythmus kann Stabilität und Gleichmäßigkeit vermitteln, während ein unregelmäßiger oder komplexer Rhythmus Spannung oder Unruhe erzeugt. In einer Fragebogenuntersuchung von Stegemann et al. (2024, S. 247) zur Rolle von Musik im Zusammenhang mit selbst verletzendem Verhalten bei Kindern und Jugendlichen konnte beispielsweise nachgewiesen werden, dass Musik bewusst als Coping Mechanismus eingesetzt wird, um sich NICHT zu verletzen. Die von den Jugendlichen angegebenen Musikstücke hatten in der qualitativen Auswertung überwiegend einen stabilen und energievollen Rhythmus sowie positive Textinhalte (Stegemann, 2024, S. 247). In der Praxis können sich die TN anhand solcher Vorgaben und Rahmenbedingungen ausprobieren, experimentieren und die Unterschiede auf sich wirken lassen.

- Freiheitsgrade in der Melodiegestaltung:

Die Gestaltung einer Melodie basiert auf Möglichkeiten und Entscheidungen, die wiederum Einfluss haben auf Ausdruckskraft und Charakter der Melodie. Wenn man eine Melodie für ein Lied erfindet, ist man unweigerlich emotional involviert und die Melodie wird einige der eigenen Gefühle ausdrücken, die im besten Fall mit dem Songtext korrelieren (Rolvsjord, 2005, S. 104). Die Auswahl der Töne, Intervalle und der Rhythmik bestimmen die Wirkung. Das vorherige Festlegen von Tönen, beispielsweise anhand akkordeigener Töne (ein C-Dur Dreiklang enthält die Töne C-E-G) aus denen eine Melodie komponiert werden soll, hat sich in der Praxis als sinnvoll erwiesen. Die Freiheitsgrade können im Prozess durch die Hinzunahme akkorderweiternder Töne stufenweise ergänzt werden, wodurch den TN eine angstfreiere Herangehensweise ermöglicht wird, um emotionale und fantasievolle Melodien zu kreieren.

- „Shape of Lines“ – Arbeiten mit unterschiedlichen Bewegungsformen:

Die Kontur einer Melodie, sowohl visuell als auch akustisch, ist ein wesentlicher Faktor im Kompositionsprozess. Ihre Form und Bewegung können starke emotionale und expressive Wirkungen erzeugen. Aufsteigende Töne können Spannung und abfallende können Entspannung erzeugen. Die Anwendung von unterschiedlichen Bewegungsformen in der Praxis, beispielsweise durch das Festlegen bestimmter Zieltöne, kann ein Repertoire von Melodien und Motiven generieren, auch für die TN ohne musikalische Vorkenntnisse. In der Praxis können „Shape of Lines“ beispielsweise anhand von Bildern und Formen visuell dargestellt werden, um den Zugang der Methode für die TN zu erleichtern.

- Permutation in der Melodiegestaltung:

Der Begriff Permutation (lateinisch *permutatio*: „Vertauschung“) bezieht sich auf die Methode Töne, Akkorde oder rhythmische Muster neu anzuordnen, indem man ihre Sequenz verändert. Diese Vorgehensweise dient dazu, variantenreichere Kompositionen zu schaffen, indem die vorhandenen Noten in einer anderen Reihenfolge gespielt werden. Nimmt man zum Beispiel eine Melodie mit den Tönen C-E-G, lässt sie sich permutieren zu E-G-C oder G-C-E. Auf diese Weise ergeben sich somit sechs verschiedene Anordnungsmöglichkeiten. Dieses Konzept ist praktikabel und kann den TN helfen, den melodischen Gestaltungsspielraum zu erweitern.

Fazit: Wie bereits zu Beginn hervorgehoben wurde, stellen diese Methoden nur einige der bewährten Herangehensweisen dar. Insgesamt zielen alle Techniken darauf ab, durch spielerische Mittel Kreativität, Inspiration, Intuition und emotionalen Ausdruck bei den TN zu fördern, um letztendlich einen Song zu entwickeln, der persönliche Resonanz findet.

3.5.4 Der sound- und loopbasierte Ansatz

Die Verwendung von Sounds und Loops beim Songwriting deutet bereits auf den Einsatz elektronischer Produktionsgeräte hin. Bei der Entwicklung dieses Kurssegments wurde Wert daraufgelegt, Hilfsmittel einzusetzen, die für die TN intuitiv bedienbar sind. Der Tabletop-Looper RC-505 von Boss spielte dabei eine zentrale Rolle, da dieses Gerät aufgrund seiner Benutzerfreundlichkeit und Vielseitigkeit bereits erfolgreich in einem kreativen sound- und loopbasierten Bereich eingesetzt wird. Das Grundprinzip des Geräts sowie die pädagogischen Aspekte werden im nächsten Abschnitt erläutert, im darauffolgenden die praktischen Schritte detailliert beschrieben.

Die Erstellung von Sounds beginnt zunächst mit ihrer Erzeugung, welche die TN durch Aktionen mit ihrem Körper und/oder Gegenständen durchführen. Dies kann beispielsweise durch angeleitete Bodypercussion geschehen oder auf Kommando des Coaches, wie zum Beispiel Klatschen, Schnipsen, Schnalzen, Stampfen, Singen, auf den Tisch schlagen oder mit Papier rascheln. Der Kreativität sind hierbei keine Grenzen gesetzt. Diese Geräusche werden mit dem Tabletop-Looper und einem Mikrofon aufgenommen und sind für die TN sofort hörbar. Anschließend können die erzeugten Geräusche und Klänge durch Effekt- und Frequenzbearbeitung nach Belieben verändert werden. Dies kann direkt im Tabletop-Looper oder in einer DAW (Digital Audio Workstation) am Computer erfolgen.

Der Einsatz des Loopers hat den Vorteil, dass die TN keine musikalischen Vorkenntnisse benötigen. Der Ansatz ist niederschwellig und intuitiv konzipiert, so dass eine unmittelbare Partizipation möglich ist, ohne dass komplexe technische

Fähigkeiten erforderlich sind. Diese Zugänglichkeit reduziert die Einstiegsbarriere und erhöht die Motivation, sich kreativ zu betätigen. Außerdem gibt es bei diesem Ansatz keine normativen Vorgaben. Die TN können frei experimentieren und ihre musikalischen Ideen ohne Angst vor Fehlern umsetzen. Dieser offene und fehlerfreie Rahmen schafft eine sichere Umgebung, in der Kreativität und Experimentierfreude ausgelebt werden können. Durch den Einsatz ihrer Stimme und ihres Körpers zur Klangerzeugung erleben die TN eine direkte und persönliche Verbindung zur Musik.

3.5.5 Schritt für Schritt Anwendung in der Praxis

1. Aufnahme von Geräuschen

Die TN erzeugen mit ihrem Körper und Objekten spezifische Klänge, die mit dem Tabletop-Looper aufgenommen werden.

2. Bearbeitung und Import von Sounds

Die aufgenommenen Geräusche werden anschließend mit Software-Tools nach Geschmack, Genre, Style oder Vibe bearbeitet.

3. Erstellung von Samples und One-Shots

Aus den bearbeiteten Klängen werden Samples und One-Shots erstellt, die als Bausteine für weitere musikalische Kompositionen dienen.

4. Aufbau von Beats und Instrumentals

Die TN lernen unter Anleitung des Coaches, Beats und Instrumentals zu erstellen, indem sie die importierten Samples und One-Shots in Loops arrangieren und bearbeiten.

5. Kombination und Schichtung der Loops

Um komplexere musikalische Strukturen und Sequenzen zu entwickeln, können die erstellten Loops kombiniert, geschichtet und verlängert werden.

6. Arrangement und Fertigstellung

Unter Anleitung des Coaches können zu diesen Sequenzen weitere Instrumente oder externe Samples hinzugefügt werden, um ein fertiges Instrumental zu erstellen, das die Grundlage für die Entwicklung eines Textes bildet.

Fazit: Technische Mittel wie der Tabletop-Looper können effektiv in die Praxis integriert werden und unterstützen die TN dabei, sich aktiv am kreativen Prozess zu beteiligen. Der co-kreative Ansatz fördert den Ideenaustausch unter den TN und ermöglicht es ihnen, voneinander zu lernen, zusammen Lösungen zu finden und ein ausgeprägtes Gemeinschaftsgefühl zu entwickeln.

3.6 Exzerpt

Die in diesem Kapitel vorgestellten Methoden und Techniken dienten als Leitfaden für die Durchführung des Pilotprojekts und kamen weitgehend zum Einsatz. Ihre Auswahl erfolgte mit dem Ziel, den TN einen einfachen und angstfreien Zugang zum Songwriting zu ermöglichen und ihnen dabei persönlich bedeutsame Resonanz- und Referenzerfahrungen zu verschaffen. Festgehalten wurden die Erfahrungen und Beobachtungen in schriftlicher Form innerhalb eines Stundenprotokolls, das zur Analyse und Auswertung des Pilotprojekts beitrug und im Anhang 03 einzusehen ist.

Methodik 4

Das vorliegende Methodenkapitel beschreibt die Evaluation des interdisziplinären Pilotprojekts der Popakademie und des ZI in Mannheim und die angewendeten Methoden. Um die Wirkfaktoren und die Potenziale des Songwritings anhand des durchgeführten Projekts zu erforschen, wurde ein Mixed-Methods-Ansatz gewählt, der qualitative und quantitative Forschungsmethoden miteinander kombiniert. Diese Anwendung ist in der Evaluationspraxis nicht unüblich. Häufig werden quantitative Befragungen mit qualitativen Elementen ergänzt, wenngleich die Unterscheidung der beiden Ansätze eine lange Tradition hat (Böhmert & Abacioglu, 2023, S. 69). Um eine umfassende Analyse des interdisziplinären Songwriting-Projekts und seiner Wirkung zu erhalten, wurde die folgende Methodenkombination angewandt: Coach 2 dokumentierte seine Beobachtungen nach jeder einzelnen Stunde anhand eines Stundenprotokolls. Die qualitative Beobachtung ist besonders geeignet für Evaluationsdesigns, bei denen Projektabläufe explorativ untersucht und neues Wissen gewonnen werden soll (Weiß, S. 143). Die dabei erfassten Daten – in der Regel verbaler Art – wurden nach jeder Session protokolliert. Interaktionen und Prozesse wurden in einem für die Patient*innen realen, natürlichen und dynamischen Umfeld erfasst. Dies ermöglichte tiefere Einblicke in die sozialen und emotionalen Erlebnisse und Handlungen der TN. Nach Abschluss des Projekts erfolgte eine quantitative Erhebung mittels Onlineumfrage, in der die TN nach ihrer subjektiven Wahrnehmung und ihrer Zufriedenheit mit dem Kurs befragt wurden. Des Weiteren wurde ein semi-strukturiertes Expert*innen-Gruppeninterview mit den projektbegleitenden Therapeutinnen des ZI durchgeführt, um detailliertere, subjektiv beobachtende Erlebnisse, Erfolgsfaktoren und Hindernisse zu erfassen. Die Befragung der Musikexperten (Coaches) erfolgte anhand einer strukturierten Online-Befragung mit offenen Fragen und Freitextantworten, um Einblicke in die individuellen Erfahrungen, Meinungen und Perspektiven der Coaches zu bekommen. Die im

J. Falk, *Songwriting in der ambulanten, adjuvanten Borderline-Therapie*, BestMasters, https://doi.org/10.1007/978-3-658-49411-7_4

Rahmen des Songwriting-Kurses entstandenen Songtexte der Patient*innen stellten auch eine weitere wertvolle Datenquelle dar. Ausgewählte Songtexte wurden im Hinblick auf die emotionalen Prozesse der TN analysiert und integriert, um die qualitativen Aspekte der Forschung zu erweitern.

4.1 Auswahl der Teilnehmer*innen

Die TN des Kurses wurden vom psychologischen Therapeutenteam des ZI ausgewählt. Es handelte sich bei ihnen ausschließlich um ambulante BPS-Patient*innen, die zum Zeitpunkt des Kurses im ZI in Behandlung waren. Zu Beginn des Kurses umfasste die Gruppe zwölf Personen, wobei sich die Zahl der TN im Verlauf des Kurses auf 6–8 Personen einpendelte, was einem Drop-out von etwa 50 % entspricht.

4.2 Vorstellung der befragten Expert*innen

Im Rahmen der qualitativen Erhebung fanden, wie bereits in der Einführung des Kapitels erwähnt, Interviews mit insgesamt zwei Coaches und zwei Therapeutinnen statt. Tabelle 4.1 gibt eine Übersicht über die Personen, die im Rahmen des Songwriting-Projekts tätig waren. Um die Anonymität der Personen zu wahren, werden im weiteren Verlauf der Arbeit Pseudonyme verwendet. Es ist zu beachten, dass Coach 2 gleichzeitig der Hauptforscher dieser Untersuchung ist. Diese Doppelrolle wird im Unterkapitel 3.4 „*Offenlegung der Doppelrolle*“ erläutert.

Tabelle 4.1 Übersicht der befragten Personen

Pseudonym	Rolle im Projekt	Besondere Fachkenntnisse
Coach 1	Musikalischer Leiter und Kursentwickler	Dipl. Psychologe, Musiker (Gitarrist, Komponist)
Coach 2	Singer-Songwriter	Lyrics, Textentwicklung, Pianist, Komponist
Coach 3	Producer und Composer	Musikproduktion, Sounddesign und Sampling
Therapeutin 1	Begleitende Therapeutin	M. Sc. Psychologin
Therapeutin 2	Begleitenden Therapeutin	B. Sc. Psychologin

Quelle: Eigene Darstellung

4.2.1 Erläuterung der Tabelle

Coach 1 ist ausgebildeter Psychologe und professioneller Musiker. Er hatte die Rolle des musikalischen Leiters inne und war Initiator des interdisziplinären Projekts. Sein Spezialgebiet liegt im Bereich Coaching und der Entwicklung von Künstlerpersönlichkeiten im Kontext von Musik und Songwriting. Darüber hinaus verfügt Coach 1 über langjährige Erfahrung in der psychologischen Beratung und hat umfangreiche Unterrichtserfahrung im instrumentalpädagogischen Bereich. Seine Rolle war besonders wichtig, da die anderen Coaches keine Vorerfahrung im musikalisch-therapeutischen Kontext besaßen.

Coach 2 wird mit der vorliegenden Arbeit sein Masterstudium im Fachgebiet Educating-Artist an der Popakademie Mannheim abschließen. Sein Spezialgebiet umfasst Gesang und Songwriting mit einem besonderen Fokus auf die Entwicklung von Songtexten, was für den kreativen Prozess des Songwritings im Kurs entscheidend war. Seine Tätigkeit als Co-Writer für populäre Künstler*innen unterstreicht seine Expertise. Zudem ist Coach 2 an zwei Hochschulen als freier Dozent im Fach Songwriting tätig und kann auf langjährige Erfahrungen als Solo-Artist zurückgreifen.

Coach 3, Masterabsolvent der Popakademie in Producing/Composing-Artist, ist seit Jahren in der Musikproduktion tätig, beherrscht insbesondere den Umgang mit modernen Producing-Tools und verfügt über umfangreiche Expertise im Bereich Sounddesign und Sampling.

Therapeutin 1 und Therapeutin 2 waren zum Zeitpunkt des Projekts als Psychotherapeutinnen am Zentralinstitut für Seelische Gesundheit fest angestellt. Therapeutin 1 war maßgeblich an der Auswahl der Kurs-TN beteiligt. Mit dem akademischen Grad „Master of Science“ in Psychologie verfügt Therapeutin 1 über fortgeschrittene Kenntnisse und Fähigkeiten, insbesondere in der Therapie von Patienten mit Borderline-Persönlichkeitsstörung. Therapeutin 2 stand zum Zeitpunkt des Kurses kurz vor Vollendung ihres M.Sc.-Studiums und konnte somit auch auf eine breite Erfahrung in der Betreuung und Begleitung ambulanter Borderline-Patient*innen zurückgreifen.

Durch die Darstellung der unterschiedlichen Erfahrungen und Fachkenntnisse wird deutlich, wie die interdisziplinäre Zusammenarbeit im Projekt strukturiert war. Dieses Spektrum war ein wichtiger Faktor für die Qualität und Effektivität des Projekts. Die vielseitigen Kompetenzen der Coaches und Therapeutinnen unterstreichen zudem deren Bedeutung für das Gelingen des Songwriting-Projekts.

4.3 Offenlegung der Doppelrolle

In dieser Untersuchung übernimmt eine Person (Coach 2) sowohl die Rolle des Forschers als auch die des Coaches im untersuchten Projekt. Diese Doppelrolle bringt sowohl Vorteile als auch Herausforderungen mit sich.

4.3.1 Vorteile der Doppelrolle

Durch die aktive Teilnahme am Projekt als Coach erhielt der Forscher ein umfassendes Verständnis der praktischen Umsetzung und der spezifischen Herausforderungen, denen die TN begegneten. Als Co-kreativer Gegenpart im Projekt erfuhr der Forscher ein höheres Maß an Vertrauen seitens der TN und der anderen Coaches. Dies erleichterte den Zugang zu detaillierten und offenen Informationen, da die TN eher bereit waren, ihre ehrlichen Meinungen und Erfahrungen zu teilen. Die kontinuierliche Präsenz im Projekt ermöglichte es dem Forscher, Entwicklungen und Veränderungen über einen längeren Zeitraum hinweg zu beobachten. Dies führte zu einer umfangreichen Datensammlung, die die Prozesse und Effekte besser erfassen konnte.

4.3.2 Nachteile der Doppelrolle

Es besteht das Risiko, dass die Objektivität des Forschers aufgrund der Nähe zum Projekt beeinträchtigt werden könnte. Persönliche Bindungen und emotionale Involviertheit könnten zu einer Verzerrung der Wahrnehmung und Interpretation der Daten geführt haben. Zudem könnte es zu einem unbewussten Bias in der Datenerhebung gekommen sein. Basierend auf seinen eigenen Erwartungen und Erfahrungen könnte der Coach dazu geneigt haben, bestimmte Aspekte stärker zu betonen oder zu sie übersehen.

4.3.3 Maßnahmen zur Minimierung von Bias und Interessenkonflikten

Der Forscher hat regelmäßige Reflexionssitzungen mit den anderen Coaches durchgeführt, um persönliche Bias und subjektive Einflüsse zu minimieren. Alle Schritte der Datenerhebung und -auswertung wurden detailliert dokumentiert, um

Transparenz und Nachvollziehbarkeit zu gewährleisten. Interaktionen und Beobachtungen wurden, wie eingangs erwähnt, dokumentiert und protokolliert, um eine systematische und objektive Datensammlung sicherzustellen.

4.4 Quantitative Datenerhebung und Datenanalyse

Die quantitative Datenerhebung erfolgte nach Abschluss des Kurses im Zeitraum vom 04.07–09.07.2024 mittels Onlinebefragung der TN auf der Plattform Empirio.de. Die Umfrage bestand aus 42 Likert-Items, die mithilfe einer fünfstufigen Likert-Skala beantwortet werden konnten und drei Schluss-Fragen mit Freitextantwortmöglichkeit. Da eine gerade Anzahl die Tendenz gehabt hätte, eine Antwort zu einem der Skalenenden zu erzwingen, wurde eine ungerade Zahl gewählt, um eine neutrale Option in der Mitte zu ermöglichen (Böhmert & Abacioglu, 2023, S. 79). Die Rating-Skala reichte von *„stimme überhaupt nicht zu"* über *„weder noch"* bis hin zu *„stimme voll und ganz zu"*. Das Ausfüllen der Onlineumfrage dauerte durchschnittlich acht Minuten.

Für die Befragung konnten sechs Personen gewonnen werden. Die demografischen Daten der TN zeigte ein Altersspektrum zwischen 21 und 40 Jahren. Davon waren vier TN weiblich, ein Teilnehmer männlich und eine Person divers. Die statistische Auswertung der quantitativen Befragung erfolgte im ersten Schritt automatisiert über die Plattform Empirio und im zweiten Schritt folgte eine deskriptive Sortierung. Die Ergebnisse sind zur besseren Übersicht in Tabellenform dargestellt. Items mit besonders hoher oder moderater Zustimmungsrate sowie für die Forschungsfragen relevante Bewertungen wurden hervorgehoben.

4.4.1 Vorteile der quantitativen Datenerhebung

Die Entscheidung für eine Online-Umfrage fiel aus mehreren Gründen leicht. Zum einen war diese Art der Befragung schnell und ökonomisch umsetzbar, da die erhobenen Daten nicht manuell eingegeben werden mussten, sondern unmittelbar nach Erfassung digital zu Verfügung standen (Knapp & van den Bogaert, 2023, S. 98). Zum anderen konnten durch die Online-Befragung geografische Barrieren der TN umgangen werden.

Grundsätzliche Vorteile der quantitativen Befragung liegen in ihrer Objektivität und Vergleichbarkeit. Durch die standardisierten Items und Antwortmöglichkeiten wurde sichergestellt, dass alle TN die gleichen Bedingungen vorfinden, was eine hohe Vergleichbarkeit der Daten ermöglicht. Die Verwendung der Likert-Skala in dieser Untersuchung erleichterte die Analyse der Daten und ermöglichte es, unkompliziert die Daten auszuwerten und Trends zu identifizieren.

4.4.2 Nachteile der quantitativen Befragung

Ein Nachteil der quantitativen Befragung ist die eingeschränkte Tiefe der erhobenen Daten, da geschlossene Items und vorgegebene Antwortmöglichkeiten nur begrenzt Aufschluss über die individuellen Meinungen und Erfahrungen der TN geben können. Subtile Wahrnehmungen und komplexe Zusammenhänge können hierbei verloren gehen. Die TN haben nicht die Möglichkeit, über die vorgegebenen Antworten hinaus ihre Gedanken und Gefühle detailliert zu äußern. Aus diesem Grund erhielten die TN am Ende der Umfrage die Möglichkeit, drei offene Fragen ausführlich in einer Freitextantwort zu beantworten. (Böhmert & Abacioglu, 2023, S. 78).

Trotz der genannten Nachteile stellte die quantitative Befragung für diese Forschung eine geeignete Methode dar, um systematische und vergleichbare Daten zur subjektiven Wahrnehmung der TN zu erheben. Hier überwogen die Vorteile, insbesondere im Hinblick auf die Effizienz und die Möglichkeit zur statistischen Auswertung.

4.5 Qualitative Datenerhebung und Dateninstrumente

Für die qualitative Datenerhebung wurden verschiedene Methoden und Instrumente gewählt:

- Das Stundenprotokoll über 10 Sessions des Kurses vom 06.11.2023 bis 11.03.2024.
- Ein semistrukturiertes Gruppeninterview mit den zwei begleitenden Therapeutinnen.
- Zwei strukturierte Einzelinterviews mit den Coaches des Projekts, schriftlich durchgeführt mittels einer offenen Online-Befragung und Freitextantworten.
- Die während des Kurses entstandenen Songtexte der TN.

Das semi-strukturierte Gruppeninterview mit den projektbegleitenden Therapeutinnen des Kurses fand am 02.07.2024 im ZI-Mannheim in Präsenz statt. Die Interviewdauer betrug 90 Minuten. Die Methode der Interviews wurde gewählt, um einerseits spezifische Fragen stellen zu können und andererseits Raum zu geben für persönliche Perspektiven und Erfahrungen. Nach Metag und Scheu (2023, S. 105) liegen die Stärken der qualitativen Befragung vor allem darin, Sinnzusammenhänge, Einschätzungen, Bewertungen oder Motive von Befragten zu erheben und zu verstehen.

Der vorab entwickelte Interviewleitfaden umfasste folgende Themenbereiche:

- Erste Eindrücke und Erwartungen bezüglich des Songwriting-Kurses.
- Erfahrungen während der Durchführung des Kurses.
- Die Struktur des Kurses.
- Herausforderungen und Schwierigkeiten im Kurs.
- Vorschläge zur Optimierung des Kurskonzepts.
- Rollenverteilung zwischen Therapeutinnen und Musikexperten.
- Umgang und Herausforderungen in der Arbeit mit BPS-Patient*innen.
- Einschätzungen zur emotionalen Wirkung und Selbstwirksamkeit der Patient*innen.

Die Befragung der Coaches des Kurses fand aufgrund geografischer Gegebenheiten online über die Plattform Empirio.de statt. Da jeder Coach unterschiedliche Vermittlungsschwerpunkte hatte, wurde der Fragebogen entsprechend konzipiert. Allgemeine Fragen wurden an alle Coaches gestellt und spezifische Fragen an den jeweiligen Vermittlungsschwerpunkt angepasst. Das Ziel der Einzelbefragung war, Erkenntnisse zu folgenden Schwerpunkten zu gewinnen:

- Potenzial des interdisziplinären Konzepts.
- Unterschied zur klassischen Musiktherapie.
- Methodische Herangehensweise.
- Potenzial des Co-kreativen Prozesses.
- Persönliche Erfahrungen und Reaktionen der TN.

4.5.1 Qualitative Datenanalyse

Nach Mayring und Fenzl (2022, S. 691) stellt die qualitative Inhaltsanalyse eine Auswertungsmethode dar, die Texte bearbeitet z. B. Transkripte von offenen Interviews oder Fokusgruppen, offene Fragen aus standardisierten Befragungen sowie Beobachtungsprotokolle aus Feldstudien. Für die hier vorliegenden Interviews erfolgte die qualitative Analyse anhand einer erweiterten Themenanalyse, um die zentralen Aussagen und Erfahrungen der Befragten herauszuarbeiten. Das aufgezeichnete Therapeutinnen-Interview wurde im ersten Schritt vollständig und wortgetreu transkribiert, um eine detaillierte Analyse zu ermöglichen. Anschließend erfolgte eine Paraphrasierung der Aussagen, um die Inhalte prägnanter und übersichtlicher darzustellen, um dann im dritten Schritt bedeutsame Muster und Themen zu analysieren und zu kategorisieren.

Die Freitextantworten der Online-Befragung der TN, die schriftliche Befragung der Coaches sowie die Stundenprotokolle wurden direkt, ohne vorherige Transkription, einer erweiterten Analyse unterzogen.

Für die Auswertung der Songtexte wurden nach Sichtung aller im Kurs entstandenen Texte drei ausgewählt, die unterschiedliche Themen und Ausdrucksweisen repräsentierten und für die Forschungsfragen relevant waren. Anhand einer hermeneutischen Analyse konnten zentrale Themen, autobiografische Elemente und deren Bedeutungen im Kontext einer BPS-Erkrankung herausgearbeitet werden.

4.6 Datenschutz

Die Angaben der Befragten werden streng vertraulich behandelt und sicher aufbewahrt. Sämtliche Daten wurden anonymisiert und so ausgewertet, dass aus den Ergebnissen keinerlei Rückschlüsse auf Einzelpersonen möglich sind. Die Angaben wurden und werden nicht an andere Personen oder Institutionen weitergegeben. Der Zugriff auf die anonymisierten Daten ist nur autorisiertem Personal gestattet und erfolgt unter strikter Einhaltung der Datenschutzrichtlinien.

Die Befragten erhielten zur Unterschrift eine Datenschutzerklärung, die sie über ihre Rechte als Betroffene, den Speicherungszweck, die Speicherdauer der personenbezogenen Daten (die Daten werden bis zum 31.12.2024 aufbewahrt) und die gesetzliche Grundlage (DSGVO) aufklärte. Bei Fragen oder Anliegen zum Datenschutz können sich die Befragten an den Autor dieser Arbeit wenden.

5 Ergebnisse

In diesem Kapitel werden die wichtigsten Erkenntnisse aus der Datenerhebung dieser Forschung präsentiert. Trotz der überschaubaren Anzahl und der sehr spezifischen Gruppe von Befragten sollen hier im Folgenden erkenntnisreiche deskriptive und statistische Einblicke beispielhaft wiedergegeben werden. Denn nach Ziegler et al.(2023, S. 24) können auch einfach gestaltete deskriptive Evaluationen wichtige Informationen liefern, insbesondere bei Projekten mit kleineren kürzeren Laufzeiten oder experimentellem Charakter. In beiden Punkten ist das in der vorliegenden Arbeit der Fall.

Zentrale Aussagen der quantitativen Befragung zum Kurs werden im ersten Teil des Kapitels vorgestellt. Im weiteren Verlauf wird ausführlich auf die qualitative Auswertung der Expert*innen-Befragung eingegangen, gefolgt von der Analyse der Stundenprotokolle und der Songtexte.

5.1 Ergebnisse der Online-Umfrage

Die Onlineumfrage zum Kurs umfasste insgesamt 42 Items, die jeder der sechs TN mittels einer fünfstufigen Likert-Skala beantworten konnte, sodass insgesamt 252 Bewertungspunkte gesammelt wurden. Außerdem enthielt die Umfrage noch ein Item zur Dauer der jeweiligen Sessions (60 Min., 90 Min., 2h, 3h) sowie zwei Fragen zu Geschlecht und Alter und drei Fragen mit Freitextantwort. Aufgrund des umfangreichen Fragebogens wird in diesem Kapitel nur auf die wichtigsten

Ergänzende Information Die elektronische Version dieses Kapitels enthält Zusatzmaterial, auf das über folgenden Link zugegriffen werden kann https://doi.org/10.1007/978-3-658-49411-7_5.

J. Falk, *Songwriting in der ambulanten, adjuvanten Borderline-Therapie*, BestMasters, https://doi.org/10.1007/978-3-658-49411-7_5

Erkenntnisse eingegangen. Die Rohdaten und detaillierten Ergebnisse befinden sich in der Anlage unter *Anhang 01*. Nach den statistischen Ergebnissen folgt eine Zusammenfassung der offenen Antworten.

5.1.1 Deskriptive Statistik

Die statistische Auswertung der quantitativen Befragung zum Kurs fiel insgesamt positiv aus. Dies wird durch die visuelle Darstellung der Bewertungen deutlich, umgerechnet in Prozent nach den jeweiligen Antwortmöglichkeiten unterteilt (siehe Abb. 5.1).

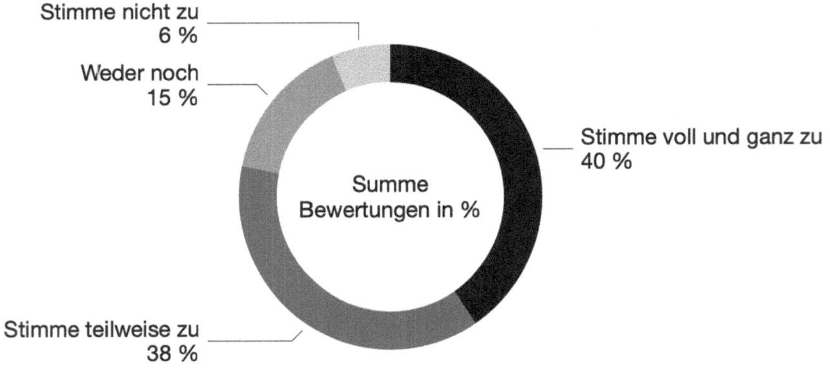

Abb. 5.1 Summe Bewertungen nach Antwortmöglichkeit. (Quelle: Eigene Darstellung)

Addiert man die Ergebnisse der positiv bewerteten Kategorien „*Stimme voll und ganz zu*“ und „*Stimme teilweise zu*“ entsteht eine hohe Zufriedenheit (siehe Abb. 5.2).

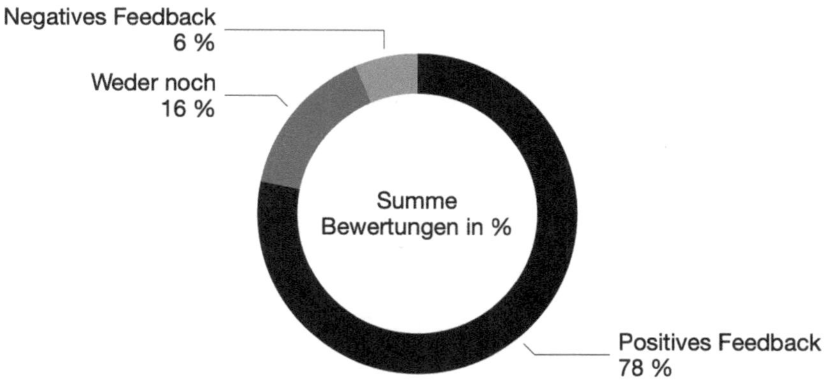

Abb. 5.2 Summe der positiv bewerteten Kategorien. (Quelle: Eigene Darstellung)

5.1.2 Ranking der Ergebnisse nach höchster Zustimmung

Die detaillierte Sortierung nach bestimmten Kriterien, beispielsweise nach höchster Zustimmung (100 %), ergab folgendes Ranking (siehe Tab. 5.1):

Tab. 5.1 Zentrale Interviewfragen der Online-Befragung

Item	Stimme voll und ganz zu	Zustimmung in %
Musik ist in meinem Alltag wichtig.	6	100 %
Mein Interesse an Musik hat mich dazu motiviert, am Songwritingkurs teilzunehmen.	6	100 %
Die Coaches waren musikalisch kompetent.	6	100 %
Ich würde den Kurs anderen Patient*innen weiterempfehlen.	6	100 %

Quelle: Eigene Darstellung

Fazit: Diese Aspekte des Kurses wurden besonders positiv bewertet, insbesondere hinsichtlich der Kompetenz der Coaches und der Empfehlungsbereitschaft. Die hohe Affinität für Musik der TN spiegelte sich in ihrem Interesse an diesem Kurs der Musik und deren Bedeutung für ihren Alltag wider.

5.1.3 Ranking nach hoher und moderater Zustimmung

Die Sortierung und Analyse der Aussagen mit hoher und moderater Zustimmung in der Bewertungskategorie „*Stimme voll und ganz zu*" führte zu folgendem Ergebnis (siehe Tab. 5.2):

Tab. 5.2 Ranking nach hoher und moderater Zustimmung

Item	Stimme voll und ganz zu	Zustimmung in %
Ich habe die Atmosphäre des Kurses als wertschätzend wahrgenommen.	5	83 %
Ich habe zuvor ein Instrument gespielt, gesungen […].	4	67 %
Ich war neugierig auf kreative Therapieformen.	4	67 %
Ich habe mich in den Räumlichkeiten der Popakademie wohlgefühlt.	4	67 %
Einen wöchentlichen Workshop-Zyklus würde ich bevorzugen.	4	67 %
Die persönliche Art der Coaches war hilfreich für die Zusammenarbeit.	4	67 %
Die Songwritingsessions haben mich inspiriert.	4	67 %
Ich würde mir Songwriting weiterhin als begleitende Therapiemaßnahme wünschen.	4	67 %

Quelle: Eigene Darstellung

Fazit: Die hohe Zustimmung zur Atmosphäre des Kurses weist auf eine positive und unterstützende Umgebung hin. Zwei Drittel der TN hatten zuvor eine musikalische Aktivität ausgeübt, was auf ein gewisses Maß an musikalischer Erfahrung schließen lässt. Ebenso betonten zwei Drittel ihr großes Interesse an innovativen, therapiebegleitenden Ansätzen. Die Wahl der Räumlichkeiten außerhalb des klinischen Umfelds bewertete die Mehrheit positiv. Ebenfalls die Mehrheit der TN würde einen wöchentlichen Workshop-Zyklus bevorzugen. Die persönliche Zusammenarbeit zwischen den TN und den Coaches war für die meisten TN sehr hilfreich. Zwei Drittel der TN bestätigten, dass der Kurs inspirierend und effektiv war, und wünschen sich, dass dieser Kurs weiterhin als begleitende Therapiemaßnahme angeboten wird.

5.1.4 Ranking nach emotionalen Aspekten

Tab. 5.3 Ranking nach emotionalen Aspekten

Item	Stimme voll und ganz zu	Zustimmung in %	Stimme teilweise zu	Zustimmung in %
Ich habe während des Kurses Erfolge erlebt.	3	50 %	2	33 %
Ich konnte Lob von den Coaches gut annehmen.	0	0 %	5	83 %
Der künstlerische Ausdruck meiner Emotionen war eine bereichernde Erfahrung.	3	50 %	1	17 %
Das Songwriting hat mir geholfen, meine Gedanken und Gefühle zu verarbeiten.	0	0 %	3	50 %
Der Kurs hat mich angemessen herausgefordert.	1	17 %	4	67 %
Der Kurs hat meine Motivation gesteigert, weiterhin kreative Projekte zu verfolgen.	3	50 %	2	33 %

Quelle: Eigene Darstellung

Fazit: Die Hälfte der TN stimmten *„voll und ganz"* zu, im Kurs Erfolge erlebt zu haben. Die Mehrheit der TN hatte Schwierigkeiten, Anerkennung anzunehmen. Die Erfahrung, Emotionen künstlerisch auszudrücken, wurde von 50 % der TN als bereichernd empfunden. Lediglich 50 % der TN stimmten nur *„teilweise"* zu, dass Songwriting ihnen beim Verarbeiten von Gefühlen und Gedanken hilfreich war. Des Weiteren stimmten lediglich 17 % der Befragten *„voll und ganz"* und 67 % *„teilweise"* zu, dass der Kurs sie angemessen gefordert hat. Ausgewogener zeigte sich das Ergebnis bezüglich der Motivationssteigerung der TN. Hier gab die Hälfte an, dass der Kurs sie motivierte und ihnen erfolgreich Anreize bot, kreative Tätigkeiten zu verfolgen, auch über den Kurs hinaus (siehe Tab. 5.3).

5.1.5 Ranking nach methodischen Aspekten

Tab. 5.4 Ranking nach methodischen Aspekten

Item	Stimme voll und ganz zu	Zustimmung in %	Stimme teilweise zu	Zustimmung in %
Die Coaches haben Techniken, Methoden verständlich erklärt.	3	50 %	3	50 %
Das Improvisieren von Melodien hat in mir Emotionen freigesetzt.	0	0 %	4	67 %
Das Arbeiten mit der Loopstation hat meine Kreativität unterstützt.	0	0 %	4	83 %
Die Kreativkarten waren für die Textentwicklung hilfreich.	3	50 %	1	17 %
Die Coaches haben meine musikalischen Fähigkeiten gefördert.	2	17 %	4	67 %

Quelle: Eigene Darstellung

Fazit: 50 % der TN stimmten *„voll und ganz"* zu, dass die Coaches Techniken verständlich erläuterten. Die anderen 50 % stimmten teilweise zu. Bei mehr als der Hälfte der TN löste das Improvisieren *„teilweise"* Emotionen aus. 3/4 der TN empfanden das Arbeiten mit der Loopstation *„zum Teil"* als kreativitätsfördernd. Die Anwendung der Kreativkarten war für die Hälfte der TN *„voll und ganz"* hilfreich. Hinsichtlich der individuellen Förderung der TN stimmten 1/3 der TN *„voll und ganz"* und mehr als die Hälfte *„teilweise"* zu (siehe Tab. 5.4).

5.2 Ergebnisse der Freitextantworten

Alle sechs TN nutzten die Option für Freitextantworten teilweise sehr detailliert (siehe Anhang 02). Die Fragen bezogen sich auf die positiven und negativen Aspekte des Kurses sowie auf mögliche Verbesserungsvorschläge. Die wichtigsten Erkenntnisse aus den Freitextantworten werden nachfolgend zusammengefasst.

5.2.1 Positive Anmerkungen der Teilnehmer*innen

- Fachliche und soziale Kompetenz der Coaches.

Die Mehrheit der TN erlebten die Coaches als wertvolle Unterstützung, da sie zugleich fordernd und motivierend auftraten. Diese Herangehensweise ermöglichte es den TN, ihre Hemmungen abzubauen und sich auch bei anfänglichen Unsicherheiten aktiv am Kurs zu beteiligen.

- Förderung der Individualität.

Einige TN schätzten besonders die Gelegenheit, eigene Ideen einzubringen und ihre individuellen Stärken hervorzuheben. Diese persönliche Förderung trug zur Stärkung der Kreativität und des Selbstvertrauens bei.

- Positive mentale und soziale Erfahrung der TN.

Für einige TN hatte der Kurs eine deutlich positive Wirkung auf ihre psychische Gesundheit. Sie berichteten, dass das Programm ihnen geholfen habe, selbstbewusster zu werden und mehr aus sich herauszukommen, was letztlich auch ihren Selbstwert stärkte.

- Atmosphäre des Kurses.

Die Atmosphäre während des Kurses wurde als entspannt, offen und einladend beschrieben. Diese positive Stimmung trug dazu bei, dass sich die TN wohlfühlten, was ihre Motivation und ihr Engagement im Kurs positiv beeinflusste.

Zusammenfassend zeigt die Auswertung, dass die Coaches einen positiven Einfluss auf die TN hatten. Unsicherheiten konnten dadurch abgebaut und die kreative persönliche Entwicklung gefördert werden.

5.2.2 Negative Anmerkungen der Teilnehmer*innen

Aus den negativen Antworten ließen sich folgende Kritikpunkte benennen:

- Motivationsverlust

Einige TN gaben an, dass die Motivation einiger TN schnell nachließ, was für das Gruppengefühl kontraproduktiv war. Die hohe Fluktuation störte den Ablauf und den Fortschritt des Kurses.

- Zeitmangel

Mehrere TN äußerten, dass der Kurs zu wenig Zeit bot, um sich intensiv mit bestimmten Themen auseinanderzusetzen. Der damit verbundene Zeitdruck verhinderte, dass sie sich vollständig auf den Prozess einlassen und in einen kreativen Flow gelangen konnten.

5.2.3 Verbesserungsvorschläge der Teilnehmer*innen

Die Antworten der TN zu möglichen Verbesserungen des Kurses ließen sich im Wesentlichen in drei Kategorien einteilen:

- Zeit und Zeitmanagement
- Gruppenarbeit/ Gruppenklima
- Planung und Struktur

Ein häufiger Wunsch war, den zeitlichen Umfang des Kurses zu erhöhen und eine regelmäßige wöchentliche Frequenz der Treffen festzulegen anstatt eines 14-tägigen Zyklus. Einige TN plädierten dafür, den Schwerpunkt vermehrt auf Gruppenarbeiten anstelle von Einzelarbeiten zu setzen und mehr Gelegenheiten zum Austausch mit der gesamten Gruppe zu bieten. Die Mehrheit der TN äußerte den Wunsch nach einer besseren Planung und Absprache. Dies umfasste sowohl die Zeitplanung als auch die Verteilung der TN auf die Coaches und die Inhalte der jeweiligen Sessions.

5.3 Interview mit den projektbegleitenden Therapeutinnen

Interviewer:
Vielen Dank, dass Sie sich die Zeit genommen haben, um mit mir über das Projekt zu sprechen, an dem Sie aktiv beteiligt waren. Im Rahmen meiner Masterarbeit evaluiere ich diesen Kurs und untersuche, wie der Songwriting-Prozess das subjektive Empfinden ambulanter Borderline-Patient*innen beeinflusst. Außerdem möchte ich herausfinden, wie der Kurs nach der ersten Durchführung weiter optimiert werden kann. Ihre Einschätzungen sind für beide Anliegen von großer Bedeutung. Selbstverständlich wird die Erhebung und Verarbeitung der Daten gemäß den gesetzlichen Datenschutzrichtlinien durchgeführt. Eine entsprechende Erklärung werde ich Ihnen per E-Mail zukommen lassen. In der Masterarbeit wird das transkribierte Interview anonymisiert. Vielen Dank auch für Ihre Zustimmung zur Aufnahme des Interviews.

Kommen wir nun zur ersten Frage: Ich habe mich gefragt, was Ihr erster Gedanke oder Eindruck war, als Sie von diesem Konzept erfuhren.

Therapeutin 1:
Also, ich dachte als Erstes, dass es eine gute Idee ist, weil ich das Gefühl habe, dass die Patient*innen viel Energie haben, die sie manchmal nicht richtig kanalisieren können. Ich dachte dann, das ist etwas, wo ganz viel Raum ist, um diese ganzen Gefühle in Worte zu fassen. Weg von dem Ansatz, den wir hier haben. Deswegen dachte ich, dass es ein Konzept ist, das hilfreich sein könnte und auch gut angenommen wird.

Therapeutin 2:
Ich bin nachträglich in das Projekt reingerutscht. Als ich es mitbekommen habe, dachte ich auch: Ich finde es eine großartige Idee. Ich habe mich aber gefragt, wie es tatsächlich in der Umsetzung sein wird. Ich konnte es mir nicht vorstellen. Viel von dem, was wir hier in Gruppen machen, ist frontal und lehrend, nicht so kreativ. Ich fand es sehr cool, vor allem, weil ich viele Patient*innen erlebt habe, die sehr kreativ sind, die entweder geschrieben, gemalt oder Musik gemacht haben oder zumindest viel Musik gehört haben.

Interviewer:
Hat sich im Verlauf des Kurses Ihr Eindruck geändert, positiv oder negativ?

Therapeutin 1:
Ich muss mich da auch erst wieder voll reindenken.

Therapeutin 2:
An manchen Stellen hatte ich das Gefühl, dass die Patient*innen mit weniger Struktur überfordert waren. Ich glaube, der eine oder andere fand es schwierig, von unserer hochstrukturierten Umgebung in ein „Ich habe viel mehr Möglichkeiten“ zu wechseln und sich damit zu orientieren. Aber ich fand es auch beeindruckend zu beobachten, wie jeder sein Ding entwickelt hat. Die Abschlusspräsentation war besonders beeindruckend. Ich war wirklich erstaunt davon, was Sie auf die Beine gestellt haben. Mit so etwas Tollem hatte ich nicht gerechnet. Die Tiefe in den Songs war beeindruckend.

Interviewer:
Am Anfang waren es ja ungefähr 12 Teilnehmer. Dann hat sich das auf eine Gruppe von 6 bis 8 eingependelt. Glauben Sie, dass die freiere Struktur ein Grund war, weshalb einige ausgestiegen sind?

Therapeutin 2:
Ich glaube nicht, dass es bei allen der Grund war. Ich denke an eine Patientin, die sich etwas anderes vorgestellt hat und eher klassisch unterwegs war. Andere hatten Schwierigkeiten mit stationären Aufenthalten und waren vielleicht nicht stabil genug. Ich habe noch eine weitere Patientin im Kopf, die mehr Struktur gebraucht hätte. Ich glaube, sie war überfordert.

Therapeutin 2:
Ja, es ist superunterschiedlich. Viele können das gut oder genießen es, andere brauchen mehr Anleitung.

Therapeutin 1:
Grundsätzlich planen wir unsere Gruppen hier mit 6 bis 8 Patient*innen und kalkulieren ein Drop-out ein. 12 Leute sind viel, die meisten Menschen reden nicht gerne vor 12 Leuten. Scham war ein großes Thema, weil diese Freiheit auch bedeutet, dass man nicht weiß, was als Nächstes passiert und ob man etwas machen muss, das unangenehm ist. Wenn es eine Gruppe von Menschen gewesen wäre, die nicht erkrankt sind, wäre die Dynamik anders gewesen und hätte den freien Raum besser genutzt.

Interviewer:
Wäre es eine Option, den Kurs als Pflichtveranstaltung durchzuführen, um die hohe Fluktuation zu vermeiden?

Therapeutin 2:
Grundsätzlich ist es unser Anspruch, dass jemand, der eine Gruppe besucht, auch da ist. Es kann immer mal sein, dass jemand absagt, aber ich habe überlegt, ob ein wöchentlicher Rhythmus am Anfang helfen würde, ein Gruppengefühl zu etablieren und das Commitment zu stärken. Man lernt sich besser kennen und weiß, mit wem man es zu tun hat.

Therapeutin 1:
Ja, man muss eher in Richtung Beziehung gehen und sicherstellen, dass die Erwartungen klar sind. Wenn die Beziehung da ist, sind die Teilnehmer zuverlässiger.

Interviewer:
Wären am Anfang des Kurses Gruppensessions wichtiger, um das Gruppengefühl zu stärken?

Therapeutin 2:
Ich finde es nicht verkehrt, zumindest den ersten Termin als Gruppensession zu machen. Es müssen nicht 3 oder 4 Sitzungen sein, aber die erste auf jeden Fall. Eine Idee aus den DBT-Gruppen: Wir machen Gruppen immer zu zweit, einer ist der Teaching-Part, der den Stoff durchkriegen will, der andere der validierende Part, der schaut, wie es der Gruppe geht. Vielleicht könnten wir das auch so strukturieren, dass wir den Orga-Part für Sie übernehmen und Sie mehr Möglichkeiten haben, Beziehungen aufzubauen.

Therapeutin 2:
Wir als ZI machen Vorgespräche. Man könnte schauen, ob wir Ihnen strukturell etwas abnehmen können.

Interviewer:
Das ist eine einleuchtende Idee. Ich hatte mir Gedanken über die Rollendefinition gemacht: Musikexperte vs. Therapeut. War das für Sie klar?

Therapeutin 2:
Nicht wirklich. Weder der Rollverlauf noch die richtige Aufgabe waren klar.

Therapeutin 1:
Es war der erste Durchlauf. Ich kann mir vorstellen, dass es beim nächsten Mal besser funktioniert. In den Vorgesprächen haben wir immer 1 zu 1 gesprochen, das macht viel in der Gruppe aus.

Therapeutin 1:
In einer idealen Welt wäre es cool, wenn Sie auch bei den Vorgesprächen dabei sind. Ich weiß nicht, ob man mit 12 Leuten eine gute Stimmung hinbekommt. Mit 6 ist es kein Problem. Vielleicht ist es sinnvoll, mit zwei Sechsergruppen zu arbeiten und sicherzustellen, dass sich alle gut kennen. Das schafft Zusammenhalt und regelmäßiges Erscheinen.

Interviewer:
Wenn wir von einer klaren Rollenverteilung ausgehen: Sie sind die Therapeutinnen, wir die Musikexperten. Wäre es dennoch für die Zukunft sinnvoll, dass die Musikexperten einen Crashkurs zum Krankheitsbild bekommen und gebrieft werden?

Therapeutin 2:
Wir haben uns darüber damals ausgetauscht. Als wir zum ersten Termin kamen, kannten wir Sie nicht und dachten: oh, drei Männer mit unseren Traumapatient*innen, die oft Schwierigkeiten mit Männern haben. Ich hatte zuerst Bedenken, aber es hat sehr gut funktioniert. Sie hattet einen guten Umgang mit den Patient*innen. Es gab keine Berührungsängste. Ein Crashkurs wäre trotzdem nicht verkehrt, damit beide Seiten verstehen, was die Idee der Gruppe ist. Wir zum Songwriting und zum Konzept und Sie zum Krankheitsbild. Es wäre sicherlich hilfreich, wenn wir vorher zusammenkommen und uns austauschen.

Interviewer:
Es hätte vermutlich einiges vereinfacht.

Wie gehen Sie mit Stresssituationen um und was würden Sie uns als Coaches raten, wenn Stresssituationen auftauchen?

Therapeutin 1:
Wir wählen Patient*innen aus, die selbstständig skillen können. Gruppen funktionieren so, dass jeder eine Skill-Kette hat. Wenn die Anspannung zu hoch wird, kann jeder sagen, ich brauche eine Pause und komme dann wieder. Es ist wichtig, die Leute in die Eigenverantwortung zu schicken.

Therapeutin 2:
Manchmal fällt es schwer, aber man sollte die Patient*innen in die Eigenverantwortung schicken und ihnen Raum geben. Ich frage, wie lange sie ungefähr brauchen, 10 Minuten und schaue dann nach. Sie sollen nicht das Gefühl haben, dass es mir egal ist, aber ich gebe ihnen den Freiraum.

Therapeutin 2:
Nach solchen Situationen ist es hilfreich, kurz darüber zu sprechen und Feedback zu bekommen. Es tut gut, es einfach auszusprechen.

Interviewer:
Soll ich als Coach auch meine Emotionen formulieren und das sagen?

Therapeutin 2:
Ja, aber nicht mit dem Patienten oder Patientin, sondern mit anderen Coaches oder uns. Wenn eine Situation schwer abzuschätzen war, hilft es, kurz darüber zu sprechen.

Therapeutin 1:
Ja, das ist wichtig. Sich die Zeit nehmen und zum therapeutischen Team gehen, um darüber zu sprechen. Es sind nur Gefühle, wenn jemand weint, ist das nicht schlimm, das ist nur Traurigkeit, die wieder weggeht.

Interviewer:
Gab es rückblickend Situationen, wo Sie dachten, das ist ein No-Go oder das war nicht gut?

Es war ein sehr persönliches Verhältnis, wir Coaches waren mit den Patient*innen per Du.

Therapeutin 2:
Mir fällt nichts ein, was unglücklich war. Sie haben das gut gemacht. Manchmal ist es nicht schwer, Borderline-Patient*innen zu invalidieren, auch wenn man das nicht möchte. Das passiert uns auch. Es ist sehr individuell. Manche haben Schwierigkeiten, Grenzen zu erkennen. Es kann niedrigschwelliger sein, wenn man per Du ist. Manchmal bekomme ich E-Mails mit Fotos vom Wochenende, und das ist außerhalb dessen, was unsere Beziehung hergibt. Das muss man schnell klären und die Grenzen aufzeigen.

Therapeutin 2:
Ich habe nie die Erfahrung gemacht, dass es irreversibel ist. Im letzten Gruppensetting hat es gut gepasst. Es hat den Kontakt ermöglicht und war weniger formell als bei uns. Wenn was ist, sollte man das im Zwiegespräch oder mit den begleitenden Therapeuten klären, bevor es größer wird.

Therapeutin 1:
Es sind Menschen mit Nähe-Distanz-Problemen. Jede Regel, die wir haben, schützt auch. Je mehr man die Regeln aufweicht, desto schwieriger wird es. Es kann passieren, dass sich Patient*innen verlieben, weil Sie supervalidierend und nett sind. Ein Schritt zu viel kann schnell unschön werden.

Therapeutin 1:
Eine Situation fällt mir doch noch ein. Es gab im Verlauf des Kurses eine Session mit nur drei Teilnehmerinnen. Draußen war es dunkel. Die Patientinnen gingen mit jeweils einem Coach in unterschiedliche Räume und hörten sich nicht mehr. Es war ausreichend Kontakt da, aber ich dachte, das könnte problematisch sein. Vielleicht sollte man darauf achten, dass die Räume näher beieinander sind, damit man schneller da ist und vorher das Einverständnis der Teilnehmerinnen einholen.

Therapeutin 2:
In dem Fall war es nicht hinderlich. Manchmal sagen Patient*innen, dass sie keinen Therapeuten wollen, und das hat oft nachvollziehbare Gründe. Aber es hat gut geklappt, die Geschlechterverteilung war nicht hinderlich.

Interviewer:
Glauben Sie, es wäre sinnvoll, wenn Sie bei jeder Session im Raum anwesend sind?

Therapeutin 2:
Wenn es meine Patient*innen sind, finde ich es eher hinderlich, wenn ich dabei bin. Sie sind vermutlich nicht so frei. Tendenziell würde ich davon absehen, bei eigenen Patient*innen mit im Raum zu sein. Bei anderen könnte man begleitend dabei sein. Je besser man die Patient*innen kennt, desto eher sollte man nicht dabei sein.

Therapeutin 2:
Scham ist ein größeres Thema. Den Patient*innen ist es womöglich wichtig, was die Therapeutin über Sie denkt. Es hat zwei Seiten. Ich dachte, dass meine

Aufgabe auch Sicherheit bietet. Aber im Raum war ich nur eine weitere Person, vor der man sich schämt. Für mich macht es mehr Sinn, nicht dabei zu sein, weil die Patient*innen zu Ihnen ein besseres Verhältnis haben.

Interviewer:
Ich würde gern noch kurz mit Ihnen über kreative Therapieformen sprechen. Finden denn sonst noch andere kreative Therapieformen am ZI statt?

Therapeutin 2:
Musiktherapie haben wir nicht. Wir haben Ergotherapie, die auf den Stationen als Projektwerkstatt läuft. Das ist tatsächlich sehr unstrukturiert, ein freier Raum mit Projekten, die sie sich aussuchen können, wie malen, nähen, stricken oder handwerkliche Arbeiten in der Holz- und Fahrradwerkstatt. Sport gibt es auch. Aber das war's.

Interviewer:
Hatten Sie mit anderen kreativen Therapieformen schon mal Berührung?

Therapeutin 2:
Ich habe mal ein Praktikum bei einem Musiktherapeuten gemacht. Er hatte viele Klanginstrumente wie Klanghölzer und Tamburine, und die Patient*innen durften sich ein Instrument aussuchen. Dann begann eine freie Spielrunde, die vom Therapeuten begonnen und beendet wurde. Es war immer die Einladung, die Augen zu schließen, und nach der freien Spielrunde fand eine Nachbesprechung in der Gruppe statt. Manche wurden sehr laut, sagten, sie fühlten sich wütend oder erleichtert, konnten Gefühle über Musik ausdrücken.

Interviewer:
Daran anknüpfend, wo sehen Sie den Vorteil bei einem Kurs, der Songwriting oder das Texten eines Songs umfasst, im Vergleich zur klassischen Musiktherapie?

Therapeutin 2:
Ich denke an zwei Typen von Patient*innen: solche, die Schwierigkeiten haben, Zustände in Worte zu fassen, und solche, die es sehr gut können. Im Gespräch merkt man, dass etwas passiert, aber der Patient kann es nicht in Worte fassen. Songwriting kann helfen, Zustände auszudrücken, ohne redegewandt sein zu müssen. Ich hatte eine Patientin mit histrionischer Persönlichkeit, die im Gespräch auf

Unverständnis stieß, aber großartige Texte schrieb. Für beide Typen ist das eine gute Art, sich auszudrücken.

Therapeutin 1:
Oder auch einfach, dass Bilder da sein dürfen und dass es damit beendet ist oder man es annehmen kann. In der Gesprächstherapie wird sofort gefragt: „Was meinst du damit?" Ein Song oder ein Gedicht kann tiefere Sätze enthalten, die gefühlt werden müssen. Ein Song kann etwas bieten, was eine Gesprächstherapie nicht kann.

Therapeutin 2:
Wenn ich einen Text schreibe, können offene Fragen bleiben. Im Gespräch erwarte ich sofort eine Antwort, aber ein Text ist ein geschlossener Prozess. Ich kann ihn rund machen, auch wenn offene Fragen bleiben, ohne sie erklären zu müssen.

Interviewer:
Ist die formale Struktur, die der Songwriting-Prozess beinhaltet, diesem Krankheitsbild zuträglich? Könnte das hilfreich sein?

Therapeutin 1:
Ich denke schon, weil viele Patient*innen unabhängig von der Diagnose das Bedürfnis haben, Dinge richtig zu machen. Das Songwriting bietet eine Balance zwischen Struktur und Freiraum. Eine Frage wie „Wer bin ich?" kann in diesem Format richtig sein und muss nicht abgewertet werden.

Therapeutin 2:
Ja, Chaos ist ein Begriff, den ich oft mit Borderline assoziiere. Die überschießenden emotionalen Zustände lösen Chaos aus. Der erste Schritt ist, frei zu schreiben und dann zu sortieren. Es gibt kein richtig oder falsch, niemand kommt mit dem Rotstift. Man kann sich sortieren und herausfiltern, was wichtig ist. Das kann zu diesem Erleben passen: „Ich fühle mich zu viel, alles ist zu viel". Schreiben hilft, sich zu sortieren.

Therapeutin 1:
Ja, das hilft, das Schwarz-weiß-Denken aufzulösen. Der ganze Text ist nicht schlecht oder gut, sondern ich setze mich damit auseinander, mache etwas daraus und betone vielleicht etwas anderes.

Interviewer:
Würden Sie rückblickend sagen, dass das Konzept fortgeführt werden sollte, mit Musikexperten und Therapeuten in Kombination?

Therapeutin 2:
Ja, auf jeden Fall. Es hat für einige einen großen Unterschied gemacht in Richtung Selbstwirksamkeit. Sie haben etwas geschaffen und stehen jetzt hier, und die Leute finden es cool. Solche Momente sind prägend. Es hilft, aus dem klinischen Umfeld herauszukommen und sich wie jeder normale Mensch zu fühlen. Das Konzept hat Potenzial und sollte weitergeführt werden.

Therapeutin 1:
Ich glaube auch, dass das Konzept weitergeführt sollte, allerdings nachgebessert, um das Spannungsfeld von Freiheit und Struktur besser auszubalancieren. Je freier es ist, desto weniger werden abgeholt. Manchmal ist es hilfreich, klare Anweisungen zu geben. Das Flaschenhals-Prinzip könnte helfen, am Anfang enger zu fassen und dann Freiräume zu eröffnen. Struktur hilft am Anfang, und dann kann man es öffnen.

Interviewer:
Das ist typisch für Musiker, dass man frei ist. Aber es ist hilfreich zu wissen, dass wir mit Borderline-Patient*innen mehr Struktur einbringen und sie fordern können, oder?

Therapeutin 2:
Auf jeden Fall. Man denkt oft, dass die Patient*innen verletzlich und instabil sind und behandelt sie mit Samthandschuhen. Aber sie wollen das nicht. Oft haben sie viel Potenzial und profitieren davon, wenn jemand sagt, du kannst das, mach es einfach. Sie machen es dann irgendwie, wie es klappt.

Therapeutin 1:
Ja, sie sind an Therapie gewöhnt. In einem Therapiegespräch sagen wir auch, die Stunde ist vorbei. Das ist eine klare Ansage. Wenn man am Ende fragt, ob es passt, wissen sie, dass sie sagen können, wenn es nicht passt.

Interviewer:
Haben Sie von Patient*innen noch Rückmeldungen bekommen, positiv oder negativ?

Therapeutin 1:
Ich hatte Fragebögen ausgegeben. Die Rückmeldungen waren unterschiedlich. Einige fanden die Struktur super, andere ausbaufähig.

Therapeutin 2:
Eine Patientin ist relativ früh ausgestiegen. Für sie war die Struktur zu schwammig, es dauerte zu lange. Es kommt darauf an, mit welchem Stand man in die Gruppe geht. Sie schreibt viel und war vielleicht gelangweilt. Für jemanden ohne Vorerfahrung ist es anders. Es war ein Geduldsthema.

Therapeutin 1:
Es ist nicht nur die Struktur innerhalb der Stunde, sondern auch, dass man weiß, was einen erwartet. Wenn die Anspannung steigt und die Woche stressig ist, muss man wissen, worauf man sich einlässt.

Interviewer:
Vielleicht wäre es sinnvoll gewesen, das immer wieder zu thematisieren und das Ziel zu klären?

Therapeutin 1:
Ja oder in Zukunft Lieder aus vorherigen Kursen zeigen, um zu sagen, das hat die letzte Gruppe gemacht. Das hilft zu sehen, dass man es auch schaffen kann.

Therapeutin 2:
Das Ende und den Anfang einer Session klarer zu definieren, könnte helfen. Sich kurz zusammen zu hocken, zu fragen, wie alle drauf sind, und zu schauen, wie man das aufteilt. Nicht nur im Foyer stehen und dann loslegen. Am Ende noch 2–3 Minuten zusammenkommen und kurz zusammenfassen, was abgelaufen ist, und einen schönen Abend wünschen. Das macht es klarer.

Therapeutin 1:
Ja, und vielleicht auch, was erwartet euch beim nächsten Mal, woran können wir arbeiten?

Interviewer:
Wäre es eine Option, wenn Sie ohnehin da sind, dass wir das in Kombination machen? Sie machen ein Check-in, erkundigen sich nach der Gefühlslage der Patient*innen. Wir sagen, was auf die Patient*innen zukommt, und am Ende gibt es eine Zusammenfassung und Check-out von Ihrer Seite.

Therapeutin 2:
Das wäre auf jeden Fall eine Option.

Therapeutin 1:
Ja, und dass die Patient*innen am Ende einfach erzählen, was sie gemacht haben, ohne sie zu prüfen, sondern weil das Interesse da ist.

Interviewer:
Letzte Frage: Glauben Sie, dass eine längere Einheit besser wäre? Wir hatten in der Regel 90 Minuten, mit zwei Ausnahmen von 3 Stunden.

Therapeutin 2:
3 Stunden waren zu lang, es erfordert viel Konzentration, besonders abends. 2 Stunden wären ein guter Kompromiss.

Interviewer:
Supercool. Vielen Dank. Haben Sie noch etwas anzumerken?

Therapeutin 1:
Es war cool und schön zu sehen, wie gut die Patient*innen behandelt wurden. Sie haben großartige Arbeit gemacht.

Therapeutin 2:
Ich schließe mich an. Es war cool, und man hat gemerkt, dass Sie Spaß hatten. Das hat sich auf die Patient*innen übertragen. Man hat es den Ergebnissen angemerkt.

Therapeutin 1:
Ja, und es zeigt, dass es Erwachsene gibt, die ihr Leben im Griff haben und einen coolen Job machen. Es gibt nicht nur blöde Eltern und schwierige Freunde.

Interviewer:
Vielen Dank für das Gespräch.

5.3.1 Analyse Expert*innen-Interview

Bei der Analyse und Auswertung der Expert*innen-Interviews wurde ein induktiver Ansatz verfolgt, der sich an der Methodik der Inhaltsanalyse nach Mayring orientierte. Beim induktiven Ansatz erfolgt die Kategorienbildung, anhand dessen der Text ausgewertet werden soll, direkt am Textmaterial (Mayring & Fenzl, 2022, S. 692). Ziel der Analyse war es, wiederkehrende und zentrale Inhalte des Interviews zu identifizieren, zu extrahieren und in entsprechenden Kategorien zusammenzufassen.

5.3.2 Auswertung Therapeutinnen-Interview

Folgende Hauptkategorien konnten aus dem Interview extrahiert und im weiteren Verlauf inhaltlich zusammengefasst werden:

- Konzept und Struktur
- Interdisziplinäre Zusammenarbeit
- Vorteile des Songwritings

Das vollständige Interview ist im Anhang unter „Interview 01“ zu finden.

5.3.3 Konzept und Struktur

Beide Therapeutinnen betonten, dass sie von Beginn an vom Konzept überzeugt waren und dessen hohes Potenzial anerkannten. Auf der Grundlage ihrer klinischen Erfahrung, dass zahlreiche Patient*innen eine ausgeprägte kreative Begabung aufweisen, stellte sich ihnen wiederholt die Frage, wie diese Ressource innerhalb des therapeutischen Prozesses gezielt genutzt werden könnte. Es bestand daher die Hoffnung, dass der Kurs einen innovativen Rahmen bieten würde, in dem die Patient*innen ihre Emotionen auf kreative Weise einbringen können.

Ein weiteres zentrales Thema aus Sicht der Therapeutinnen stellte die Balance zwischen Freiheit und Struktur innerhalb des Kurses dar. Während ein offenes Kursdesign durchaus zur kreativen Entfaltung anregt, zeigte sich, dass einige TN vom Format überfordert waren, was vereinzelt zum Abbruch des Kurses führte. Daher wurde vorgeschlagen, zu Beginn des Kurses nach dem Flaschenhals-Prinzip zu verfahren, in dem man den TN zu Anfang eine engere Struktur bietet, die dann schrittweise freier gestaltet werden könnte. Nach Therapeutin 1 spielte Scham bei den TN eine zentrale Rolle, da die Ungewissheit über das, was als Nächstes geschehen könnte, auch die Sorge implizierte, möglicherweise etwas Unangenehmes tun zu müssen.

5.3.4 Interdisziplinäre Zusammenarbeit

Die interdisziplinäre Zusammenarbeit wurde von den Therapeutinnen grundsätzlich positiv bewertet. Dennoch ließe sich ihrer Meinung nach die Zusammenarbeit verbessern und intensivieren, indem beispielsweise die Expertise der begleitenden Therapeutinnen stärker in das Kursformat integriert werden könnte. Beide Therapeutinnen betonten jedoch, dass eine klare Rollenverteilung zwischen Therapeutinnen und Coaches sinnvoll war und beibehalten werden sollte. Es wäre kontraproduktiv, wenn Therapeuten bei den Writing-Sessions im Raum anwesend wären. Dies könnte die Patient*innen beunruhigen und Schamgefühle auslösen.

Ein intensiverer kommunikativer Austausch zwischen den beiden Instituten wäre nach Meinung der Therapeutinnen wünschenswert. Dieser Austausch sollte idealerweise bereits vor Kursbeginn stattfinden und Themen wie die Auswahl der TN, das Kurskonzept sowie Tipps und Skills für den Umgang und die Arbeit mit BPS-Patientinnen umfassen. Nach Ansicht von Therapeutin 1 wäre es ideal, wenn die Coaches an den Vorgesprächen beteiligt wären.

5.3.5 Vorteile des Songwritings

Die Vorteile des Songwriting-Kurses im Vergleich zur klassischen Musiktherapie wurden von den Therapeutinnen deutlich hervorgehoben. Sie betonten, dass Songwriting insbesondere für Patient*innen hilfreich ist, die Schwierigkeiten haben, ihre Zustände in Worte zu fassen. Therapeutin 2 berichtete von einer Patientin mit histrionischer Persönlichkeitsstörung, die im Gespräch oft auf Unverständnis stieß, jedoch herausragende Texte verfasste (Interview 01).

Songwriting erlaube es, Gefühle auszudrücken, ohne redegewandt sein zu müssen. Beim Songwriting hätten die Patient*innen die Möglichkeit, offene Fragen stehen zu lassen und dennoch einen abgeschlossenen Prozess zu erleben. Während in der Gesprächstherapie häufig nach Lösungen gesucht wird, hätten die Patient*innen hier die Chance, ihre Gedanken und Emotionen zu sortieren und zu verarbeiten, ohne den Druck sofort Antworten liefern zu müssen. Nach Therapeutin 1 kann ein Song etwas bieten, was eine Gesprächstherapie nicht kann (Interview 01).

Das für das BPS-Krankheitsbild typische Schwarz-weiß-Denken könne nach Meinung der Therapeutinnen durch das Schreiben von Songtexten aufgelöst werden. Sie betrachten den formalen Strukturprozess des Songwritings als förderlich, da er eine Balance zwischen Struktur und Freiraum bietet. Ebenso könnte der Songwriting-Prozess hilfreich sein, um emotionales Chaos zu ordnen und Wichtiges von Unwichtigem zu trennen.

Die Therapeutinnen waren sich einig, dass das Konzept als interdisziplinäres Projekt fortgeführt werden sollte. Insbesondere hoben sie die positiven Endergebnisse des Kurses sowie den wertschätzenden und validierenden Umgang der Coaches mit den Patient*innen hervor. Ihrer Beobachtung zufolge hat der Kurs bei den meisten Patientinnen einen signifikanten Unterschied bewirkt, indem er ihre Selbstwirksamkeit stärkte und ihnen ermöglichte, sich außerhalb des klinischen Umfelds als Teil der Gesellschaft wahrzunehmen. Diese positiven Erfahrungen hatten ihrer Meinung nach einen nachhaltig prägenden Einfluss auf die TN.

5.4 Coach 1 – Interview Auswertung

Aus dem Interview mit Coach 1 konnten zwei zentrale Themen, die für die Forschungsfrage dieser Arbeit relevant waren, herausgearbeitet werden:

- Wirkfaktoren von Musik / Songwriting
- Auswirkungen auf die TN

5.4.1 Wirkfaktoren von Musik / Songwriting

„Musik ist meines Erachtens geformte Emotionalität“ (Coach 1, Interview 01).

Nach Coach 1 wurde das Kurs-Konzept basierend auf der Annahme entwickelt, dass Musik und kreative Prozesse ein starkes transformatives Potenzial besitzen. Ausgehend von der existenzialistischen Theorie der Kreativität, nach der Kreativität nur dann entsteht, wenn das Individuum seiner Umwelt begegnet, sollte das Format genau hier anknüpfen. Indem die Patient*innen auf kreative Menschen (professionelle Musiker) und ein kreatives Umfeld (Kreativzentrum Popakademie) treffen, schaffe das intensive Begegnung. Diese intensiven Begegnungen hätten das Potenzial, die Umsetzung und Ausführung der kreativen Ideen (exekutierte Kreativität) der Patient*innen zu fördern und zu verbessern.

Insbesondere bei Menschen mit psychischen Störungsbildern biete Musik Lösungsansätze für grundlegende Lebensthemen und Ambivalenzen. Das Erschaffen von Musik ermögliche Prozesse, die für die Mentalisierung von Emotionen, insbesondere in Songtexten, wichtig sind. Dies passe gut zu den Erlebenswelten emotional instabiler Persönlichkeiten, die oft Schwierigkeiten mit der Emotionsregulation haben. Musik als geformte Emotionalität biete dabei eine wertvolle Referenzerfahrung. Selbstermächtigung durch eigene kreative Erfahrung könne sich stabilisierend auf die die Patient*innen auswirken. Dabei spiele der co-kreative Ansatz, wie bereits erwähnt eine zentrale Rolle. Er vereine ein konstruktives Geben und Nehmen, gemeinsame emotionale Zugewandtheit, Neugierde und Freude am Prozess. *„Das WIR des erfolgreich kreierten Songs ist das Sicherheitssystem"* (Coach 1, Interview 01).

5.4.2 Auswirkungen auf die Teilnehmer*innen

Des Weiteren hob Coach 1 hervor, dass die kreative Prozesse den Patient*innen dabei helfen könnten, Emotionen zu verarbeiten und zu regulieren. Diese würden die Selbstwirksamkeit fördern und den TN die Möglichkeit bieten, Ausdauer, Begeisterung und auch Frustration zu erleben und zu durchleben. Im therapeutischen Kontext ergänze das Songwriting andere Maßnahmen durch selbstorganisierende kreative Prozesse, wodurch der entstandene Song positive Resonanzen ermögliche. Denn nach Coach 2 wirkt der Song auf die Person zurück (Interview 01).

Coach 1 betonte weiterhin, dass dafür drei Systemkategorien notwendig seien. Denn für den künstlerischen Prozess sei es wichtig, dass psychische, sensomotorische und soziale Systeme sich fortlaufend durchdringen und aufeinander beziehen. Diese Kopplung und den Raum dafür biete der interdisziplinäre Ansatz des Kurses durch den Veranstaltungsort (Popakademie), den co-kreativen Ansatz und das Vertrauen auf selbstorganisierende Prozesse. Der kreative Ausdruck durch das Erschaffen eines Songs gäbe den Patient*innen die Chance, sich selbst zu erklären. Indem man einen Song schreibt, erkläre man der Welt, was wichtig ist (Coach 1, Interview 01).

Für die Patient*innen sei die kreative Auseinandersetzung mit den eigenen Emotionen aber auch ein herausfordernder Prozess. Es brauche Mut, den eigenen Song, das künstlerische Werk anzunehmen und in den Dialog zwischen der Angst, der Eigenbewertung und der Reaktion anderer zu treten. Besonders beeindruckend empfand Coach 1 die Bereitschaft der TN, ihre musikalische Komfortzone zu verlassen, um sich auf experimentelle Kreativ-Prozesse einzulassen wie z. B. Permutationsübungen und Akkord Progressionen. Einige TN nahmen die erlebten Impulse nach einer Session mit nach Hause, um in der nächsten Session eigene Ideen, Texte und Themen vorzustellen.

Das Interview von Coach 1 kann unter dem Aspekt der Forschungsfrage wie folgt zusammengefasst werden:

1) Das vorgestellte Kurs-Modell stellt eine innovative Ergänzung zu traditionellen therapeutischen Ansätzen dar, indem es die transformative Kraft der Musik respektive des Songwriting-Prozesses nutzt.
2) Das Kurs-Format bietet einen sicheren Rahmen für die Gestaltung und Verarbeitung von Emotionen und unterstützt die TN dabei, ihre kreative Selbstwirksamkeit zu erfahren.

5.5 Coach 2 – Interview Auswertung

Durch die Anwendung der induktiven Kategorienbildung ließen sich aus dem Interview mit Coach 2 folgende Hauptkategorien ableiten:

- Der Songwriting-Prozess als Ressource
- Selbstwirksamkeitserleben

5.5.1 Der Songwriting-Prozess als Ressource

Coach 2 betonte, dass der Songwriting-Prozess für ihn selbst aus Sicht des professionellen Songwriters schon immer eine therapeutische Wirkung hatte. Der kreative und aktive Prozess des Songwritings stelle für ihn eine wertvolle Ressource dar, die über den Mainstream und kommerziellen Erfolg hinaus therapeutische Andockmöglichkeiten bietet. Der gesamte Prozess – vom leeren Blatt Papier über die erste Idee und das Brainstorming bis hin zur Erfindung eigener Melodien und der professionellen Produktion eines fertigen Songs – ermögliche es den Patient*innen, ihre inneren Konflikte und Gefühle künstlerisch zu verarbeiten, und das in einem Safe Space. Für Coach 2 sei somit der gesamte Prozess eine therapeutische Intervention mit dem klaren Ziel, am Ende einen fertigen Song zu erstellen.

Coach 2 hob hervor, dass das Kursformat die vier Faktoren beinhalte, die nach dem Selbstwirksamkeitskonzept von Bandura die Selbstwirksamkeit aufbauen. Die Patient*innen hätten die Möglichkeit, eigene Erfahrungen zu sammeln, andere zu beobachten, Ermutigung zu erhalten und positive emotionale Empfindungen zu erleben. Das Format des Kurses biete Rahmenbedingungen, um die emotionale Ausdruckskraft und Selbstwirksamkeit der TN zu fördern.

Der co-kreative Prozess, sprich die Zusammenarbeit und das Vertrauen zwischen Coach und TN seien dafür elementar. Coach 2 machte deutlich, dass diese unterstützende und motivierende Umgebung es den TN ermögliche, ihre kreativen Fähigkeiten zu entfalten und insbesondere neue kreative Fähigkeiten zu entwickeln. Der Songwriting-Kurs ergänze den häufig frontalen Aspekt anderer Therapieformen durch ein gemeinschaftliches Miteinander noch dazu, mit einem klaren Ziel einen fertigen Song zu kreieren. Diesen Song können die Patient*innen im Idealfall als ihr eigenes Werk annehmen.

5.5.2 Selbstwirksamkeitserleben

Um den Patient*innen den Schreibprozess zu erleichtern und einen kreativen „Flow“ zu erzeugen, nutzte Coach 2 verschiedene Methoden, insbesondere visuelle Ansätze mit kreativen Bildkarten, die es den TN ermöglichten, Szenen visuell wahrzunehmen und ad hoc Emotionen zu empfinden. Nicht-erkrankte Personen, mit denen er die gleiche Übung durchführte, hatten häufig einen deutlich geringeren kreativen Output und taten sich damit schwer. Bei den BPS-Patient*innen sprudelten die Ideen regelrecht aus ihnen heraus.

Coach 2 hob ein besonders einprägsames Erlebnis hervor, in der eine Teilnehmerin ihren im Kurs entstandenen Song in einem professionellen Studio Setting aufnahm. Anfangs verunsichert und irritiert, ihre eigene Stimme zu hören, überwand sie nach einiger Zeit diese Unsicherheit und konnte sich auf die neue Situation einlassen. Dieser Moment erwies sich für Coach 2 und die Patientin als besonders bedeutsam, da die Patientin am Ende ihre eigene Stimme auf ihrem Song wahrnehmen konnte. Laut Coach 2 stellte dies ein Beispiel für praktisch erlebte Selbstwirksamkeit dar (Interview 02).

5.6 Stundenprotokoll Auswertung

Die Stundenprotokolle erwiesen sich als eine wertvolle Datenquelle für diese Arbeit. Sie ermöglichten eine detaillierte Nachverfolgung hinsichtlich der Entwicklung der TN im Kurs und deren spezifischen Herausforderungen. Für die Auswertung der Stundenprotokolle (Anhang 3) ergaben sich nach zwei Hauptkategorien:

- Entwicklung der TN
- Scham

5.6.1 Entwicklung der Teilnehmer*innen aus Sicht von Coach 2

Eine wichtige rückwirkende Erkenntnis zeigte, dass die TN die in der ersten Sitzung entwickelten Textideen im Kursverlauf konsequent weiterverfolgten und fertige Songs daraus entstanden. Einige TN setzten ihre Projekte zu Hause fort, um sie motiviert in der nächsten Einheit vorzustellen. Aus den Protokollen geht auch hervor, dass insbesondere die TN, die einen Liedtext verfassten, die technischen Ratschläge von Coach 2 – wie das Verdichten von Brainstorming-Ideen, das Identifizieren zentraler Aussagen oder das Bilden metaphorischer Verknüpfungen – besonders produktiv umsetzten. Anfangsschwierigkeiten in Bezug auf die Liedstruktur und deren Aufbau verloren sich im Laufe des Kurses, was dazu führte, dass die TN in darauffolgenden Sitzungen routiniert ihre Texte zu stimmigen Reimstrukturen formten.

Ebenso bemerkenswert war der Umgang einer TN in einem Moment der emotionalen Dysregulation (Session 5, Anhang 3). Nachdem sie feststellte, dass sie Ihren Songtext, an dem sie arbeitete, vergessen hatte, zeigte sie affektive Reaktionen, war paralytisch und unfähig, sich auf die neue Situation einzulassen. Nach einer kurzen Regulationspause setze sich die TN in eine neue Gruppe und schrieb im weiteren Verlauf der Stunde aus dem Kopf einen weiteren neuen Text zum gleichen Thema, und das mit Erfolg.

Im Verlauf des Kurses kreierten die TN mehrere Songs und Songskizzen, sodass am Ende bei der Abschlussveranstaltung sieben Songs präsentiert werden konnten.

5.6.2 Scham

Während des Kurses war es mehrfach erforderlich, dass die TN ihre geschriebenen Texte oder Textabschnitte für die Aufnahmen einsingen mussten. Dies stellte für viele von ihnen die größte Herausforderung dar. Selbst das Vorführen zuvor aufgenommener Melodien auf dem Handy löste bei einigen körperliche Reaktionen aus – wie Zittern und sprachliche Unsicherheit (siehe Session 3, Anhang 3). Für andere TN wiederum war es schwierig, ihre Textentwürfe und verfassten Zeilen innerhalb der Gruppe vorzustellen. Das Gefühl der Scham zeigte sich besonders, als die Präsentationen der Songs bei der Abschlussveranstaltung des Kurses anstanden. Zwei TN fehlten bereits in der letzten Sitzung, in der die Songs finalisiert wurden, und auch bei der Abschlussveranstaltung waren einige TN absent.

Es war andererseits beeindruckend zu beobachten, wie die TN mit anspruchsvollen Aufgaben umgingen. Eine Teilnehmerin überwand schnell ihre anfängliche Scham und Scheu vor dem Singen und nahm die Herausforderung mit Unterstützung des Coaches an. Die Teilnehmerin taute im Verlauf der Stunde immer weiter auf und sang den Song gegen Ende der Einheit ohne Schwierigkeiten durch (Session 3, Anhang 3).

5.7 Songtextanalyse der Teilnehmer*innen

Die Untersuchung der Songtexte folgte einem ähnlichen Ansatz wie die qualitative Analyse der Interviews. Allerdings stellen Songtexte literarische Werke dar und sind keine faktischen Texte, weshalb der Fokus hier auf der Deutung thematischer-, autobiografischer Inhalte, Symbole, Metaphern und der Erzählperspektive der Autor*innen lag. Die Einbeziehung und Analyse der Songtexte war für diese Arbeit unerlässlich, da sie einen wesentlichen Einblick in die subjektive künstlerische Ausdrucksweise der Patient*innen boten. Dabei wurden ausgewählte Textpassagen mit Schlüsselwörtern (Keywords) versehen und nachfolgend untersucht.

5.7.1 Songtext „Reise zum Ich"

Hey, Hallo!
Hab dich hier noch nie gesehen
Schön dich kennenzulernen.

Du fragst mich, wer ich bin
Die Frage find ich schlimm
Ich verrate dir zwar meinen Namen
mehr kann ich dir dazu aber nicht sagen
Zuerst muss ich mich fragen:
Wer verbirgt sich hinter diesem Namen?
Hab da keine freie Sicht
Suche nun Schicht für Schicht

Wer ich bin? Wer ich bin?

Wer bin ich?

Das weiß ich grade noch nicht.

Bin auf ner Reise zum ICH

Manchmal seh ich mich nicht

Warum seh ich mich nicht?

Will wissen, wer da fragt; wer da spricht!

Steige ein in die Achterbahn meiner Selbst

Werde noch sehen, ob mir das gefällt

Schnelle hoch hinaus

Falle runter, falle raus

Zu all den Höhenflügen

Sprudelgedanken und Lügen

Erlebe ich Abstürze und Bodenküsse

und hoppla – ich lande auf meinen Füßen

Bin auf der Reise zum ICH.

Hier und da sehe ich mich.

Immer mehr von mir kommt langsam ans Licht

Emotion nach Emotion, die durch die Oberfläche bricht.

Hab nicht daran geglaubt aufzustehen.

Hab mich nie getraut mich anzusehen.

Nach all meinen Bruchlandungen

bemerke ich wundervolle Verwandlungen.

Bleibe wohl für immer auf der Reise zum ICH.

Ist auch ok so, denn

alles über mich wissen kann ich gar nicht.

Will ich auch nicht.

Was ich weiß, ist, dass ich ein Mensch bin, auf dieser durchgewirbelten Welt.

Weiß, dass es mir hier die meistens Zeit gefällt.

Weiß, dass ich wieder aufstehen kann, wenn ich fall.

Weiß, dass ich mich zuhause fühlen kann, überall

Ich weiß, Kraft liegt in Veränderung

und ich schwinge mit dem nächsten Schwung.

5.7.2 Songtextanalyse „Reise zum Ich"

Der vorliegende Songtext einer Kursteilnehmerin entstand aus dem visuellen Ansatz. Ausgangspunkt war ein Bild, das lediglich eine Hand zeigte, die einen Spiegel hielt, woraus folgender Songtext entwickelt wurde (siehe Tab. 5.5):

Tab. 5.5 Songtextanalyse „Reise zum ich"

Keyword	Textabschnitt	Analyse
Identitätssuche	*„Du fragst mich, wer ich bin. Die Frage find ich schlimm. Ich verrate dir zwar meinen Namen, mehr kann ich dir dazu aber nicht sagen".*	Der Text beginnt mit einer Frage der Ich-Erzählerin, die ihre Auseinandersetzung mit Selbstbild und Identität aufzeigt. Der Name wird nur als nebensächliche Information gesehen, das „Wer ich bin" bleibt hingegen offen.
Selbstreflexion	*„Zuerst muss ich mich fragen: Wer verbirgt sich hinter diesem Namen? Hab da keine freie Sicht. Suche nun Schicht für Schicht".*	Die metaphorische Darstellung des Schicht-für-Schicht-Suchens verdeutlicht den komplexen und langwierigen Prozess der Selbstentdeckung.
Innere Achterbahn	*„Steige ein in die Achterbahn meiner Selbst. Werde noch sehen, ob mir das gefällt. Schnelle hoch hinaus, Falle runter, falle raus".*	Die Achterbahn-Metapher beschreibt emotionale Höhen und Tiefen und die Unvorhersehbarkeit der extremen Schwankungen der eigenen Gefühlslage.

(Fortsetzung)

Tab. 5.5 (Fortsetzung)

Keyword	Textabschnitt	Analyse
Resilienz:	*„Zu all den Höhenflügen, Sprudelgedanken und Lügen. Erlebe ich Abstürze und Bodenküsse, und hoppla – ich lande auf meinen Füßen“.*	Die Ich-Erzählerin entdeckt durch Reflexion auch Resilienz. Das Bild des Landens auf den Füßen und die Bodenküsse suggerieren, dass Turbulenzen nicht zwangsläufig in Bruchlandungen enden.
Akzeptanz	*„Bleibe wohl für immer auf der Reise zum ICH. Ist auch ok so, denn alles über mich wissen kann ich gar nicht. Will ich auch nicht“.*	Das anmutende Selbstgespräch endet mit der Akzeptanz, dass die Erkenntnis der eigenen Identität ein kontinuierlicher Prozess ist. Das Loslassen des Zwangs, sich vollständig zu verstehen, reflektiert ein gewisses Maß an Reifung.
Selbstermächtigung	*„Ich weiß, Kraft liegt in Veränderung und ich schwinge mit dem nächsten Schwung“.*	Zum Schluss betont die Erzählerin die Kraft der Veränderung und die Bereitschaft, mit den Herausforderungen des Lebens mitzuschwingen.

Quelle: Eigene Darstellung

5.7.3 Songtext „Sonnenstrahlen“

Die ersten Meilen auf dem Weg als Superstar verschwendet

Jetzt lieg ich in nem Bett mit dem Blut noch an den Wänden

Es erzählt eine Geschichte, streiche drüber mit den Händen

Hier hat jemand sein Leben skrupellos beendet

Die ersten beiden Wochen war ich hier nicht existent

Andre Menschen sind mir fremd, noch kein Patient den ich hier kenn´

Nur einer mit nem Handy der gegen Wände hier rennt

Ich hoff auf den Advent

Mit einem Happy End

Doch so lang bin ich am penn´

Und verschwende mein Talent

Ich will wieder Pillen

Und verlier mich in meinem Film

Hook:

Die letzten warmen Sonnenstrahlen

Die im Einklang mit uns waren

Gefühle, Farbspiel, Lebensenergie

Ich hoff′ das ist die letzte Träne die grad fließt

Ich hab mich wieder mal verliebt

Doch jetzt ist Dezember

Nix hat sich verändert

Die Tage wurden dunkler

Und die Nächte wurden kälter

Lauf rauchend durch die Stadt mit einem gefallenen Gesicht

Komisch wieder mal hat mich der Einzelfall erwischt

Warte auf den Tag an dem ich keinen mehr vermiss

Überlege lieber zweimal, ob ich bleibe oder nicht

Deshalb bin ich grad in meiner hochsensiblen Phase

Mein Leben besteht aktuell aus Drogen und Skandalen

Hab kein Interesse an positiven Phrasen

Womit ich mich beschäftige, sind Dopamin und Farben

5.7.4 Songtextanalyse „Sonnenstrahlen"

Dieser Songtext entstand gemeinschaftlich durch die Zusammenarbeit mehrerer TN und folgte einem anderen Ansatz. In mehreren Sessions wurden zunächst stimmungsvolle Akkordprogressionen entwickelt, die als Grundlage für den weiteren Songaufbau dienten. Die gerappten Strophen wurden größtenteils parallel zur Komposition unter der Anleitung von Coach 1 erarbeitet. Der Refrain sowie die gesungene Melodie konnten anschließend unter der Leitung von Coach 3 ergänzt, weiterentwickelt und aufgenommen werden (siehe Tab. 5.6).

Tab. 5.6 Songtextanalyse „Sonnenstrahlen“

Keyword	Textabschnitt	Analyse
Verlorenheit, Selbstzerstörung	*„Die ersten Meilen auf dem Weg als Superstar verschwendet. Jetzt lieg ich in nem Bett mit Blut an den Wänden. Es erzählt eine Geschichte streiche drüber mit den Händen. Hier hat jemand sein Leben skrupellos beendet“.*	Der Protagonist beginnt mit einer Reflexion über gescheiterte Ambitionen. Dabei wählt er als Stilmittel das autobiografische Storytelling, worauf das klinische Setting schließen lässt.
Isolation, Hoffnung, Hadern	*„Die ersten beiden Wochen war ich hier nicht existent. Andre Menschen sind mir fremd, noch kein Patient, den ich hier kenn. Nur einer mit nem Handy, der gegen Wände rennt. Ich hoff auf den Advent mit einem Happy End. Doch so lang bin ich am penn´ und verschwende mein Talent. Ich will wieder Pillen und verlier mich in meinem Film“.*	Dieser Abschnitt beschreibt die Phase eines stationären Aufenthalts durch konkrete Beobachtungen (Typ mit Handy, der gegen Wände rennt). Er hofft auf Besserung und die Chance, die Klinik in der Adventszeit verlassen zu können. Sein ungenutztes Talent lässt ihn hadern, was er am liebsten mit Drogenkonsum (Pillen) bekämpfen würde.
Depression, Verlust, Drogenkonsum	*„Warte auf den Tag an dem ich keinen mehr vermiss. Überlege lieber zweimal ob ich bleibe oder nicht. Deshalb bin ich grad in meiner hochsensiblen Phase. Mein Leben besteht aktuell aus Drogen und Skandalen. Hab kein Interesse an positiven Phrasen. Womit ich mich beschäftige sind Dopamin und Farben“.*	Der Schmerz von zerbrochenen Beziehungen und Verlust werden in diesem Abschnitt beschrieben. Das Wissen um die hochsensible Phase hält ihn davon ab, die Therapie abzubrechen. Das Leben davor bestand wohl aus Drogenkonsum, um kurzfristige Befriedigung zu bekommen.

Quelle: eigene Darstellung

5.7.5 Songtext „A Simple yes or no"

My acquittal
Of something not bound to words
Hasn't been found
Don't remember, though I feel
Every now and then
I let out
A guttural sound

Is there fault or not, who knows
The matter clogs up my throat
Sticks to its walls and lingers
A simple yes or no
Process sped up with my fingers
Never can get it all out though

So I stand
With jurors' eyes around
Canvassing the shell of me
Hands raised, will I be appraised
Or will the verdict be
Cemented mouth and never out

Whether there's fault or not, who knows
The matter clogs up my throat
Sticks to its walls and lingers
A simple smile or bemoan
Grey substance covered fingers
Never can get it all out though

It's muddled, it's muddied, the water

A jumble of bygone memories

And I keep it, it's only a bother

Maybe I'll never get that relief

Whether there's fault or not, who knows

The matter clogs up my throat

Sticks and lingers, it's been clawed

A simple yes or no

Fingernails etched into walls

Could never get it all out though

5.7.6 Songtextanalyse „A simple yes or no"

Auch dieser Text wurde durch einen visuell-stimulierenden Ansatz inspiriert. Ausgehend von einem Bild, das einen Gerichtssaal darstellte, entstand ein Text über Schuld, Anklage und Freispruch. Der Text kann als autobiografisch interpretiert werden und zeigt thematische Parallelen zum Krankheitsbild der Borderline-Persönlichkeitsstörung (BPS) (siehe Tab. 5.7).

Tab. 5.7 Songtextanalyse „A Simple yes or no"

Keyword	Textabschnitt	Analyse
Schuld	*"My acquittal of something not bound to words hasn't been found. Don't remember, though I feel every now and then. I let out a guttural sound".*	Die Protagonistin beschreibt hier die Schwierigkeit, Schuld oder Unschuld in Worte zu fassen. Das Gefühl des inneren Kampfes kommt in einer körperlichen Reaktion („guttural sound") zum Ausdruck.
Sprachlosigkeit	*"Is there fault or not, who knows. The matter clogs up my throat. Sticks to its walls and lingers. A simple yes or no. Process sped up with my fingers. Never can get it all out though".*	Diese Passage beschreibt den Konflikt der Protagonistin, klare Antworten zu finden, was in Sprachlosigkeit endet und ihr die Kehle zuschnürt. Der Versuch, den Prozess zu beschleunigen, bleibt unvollständig.

(Fortsetzung)

Tab. 5.7 (Fortsetzung)

Keyword	Textabschnitt	Analyse
Angst vor dem Urteil	*"So I stand With jurors' eyes around. Canvassing the shell of me. Hands raised, will I be appraised. Or will the verdict be. Cemented mouth and never out".*	Unter den Augen der Geschworenen, (eine assoziative Metapher eines Gerichtssaals) steht die Protagonistin und erwartet ihr Urteil. Ein zementierter Mund kann sich nicht verteidigen.
Erinnerung Vergangenheit	*"It's muddled, it's muddied, the water. A jumble of bygone memories. And I keep it, it's only a bother. Maybe I'll never get that relief".*	Die Erinnerungen, die Klarheit schaffen könnten, sind aber nur ein Wirrwarr wie trübes, schmutziges Wasser. Das lässt die Protagonistin daran verzweifeln und vermuten, dass es niemals leichter werden wird.

Quelle: Eigene Darstellung

Diskussion

6

Im Diskussionskapitel dieser Masterarbeit werden die zentralen Wirkfaktoren des Songwriting-Projekts systematisch analysiert und reflektiert. Basierend auf den durchgeführten Expert*innen-Interviews, der Online-Befragung der TN, den Stundenprotokollen und den analysierten Songtexten konnten die Wirkfaktoren drei Hauptkategorien zugeordnet werden: kontextuelle, emotionale und soziale sowie methodologische Wirkfaktoren. Zunächst werden die kontextuellen Faktoren diskutiert, die strukturelle und organisatorische Bedingungen des Projekts betreffen und deren Einfluss auf den Erfolg und die Motivation der TN beleuchtet. Anschließend werden die emotionalen und sozialen Wirkfaktoren erörtert, die zentrale psychologische Aspekte wie das Erleben von Selbstwirksamkeit, die Überwindung von Scham sowie den künstlerisch-emotionalen Ausdruck umfassen. Des Weiteren wird die Bedeutung methodologischer Wirkfaktoren betrachtet, wobei insbesondere die kreativen Ansätze und Methoden hervorgehoben werden, die den Songwriting-Prozess und dessen therapeutische Wirksamkeit geprägt haben. Abschließend werden die Limitationen dieser Forschung diskutiert.

6.1 Kontextuelle Wirkfaktoren

Die Evaluation des Songwriting-Kurses hinsichtlich der kontextuellen und organisatorischen Faktoren ergab wichtige Erkenntnisse, die Einfluss auf die Wirksamkeit der TN und den Verlauf des Projekts hatten. Dabei zeigten sich deutliche Parallelen zwischen den Erfahrungen der TN, den Einschätzungen der Therapeutinnen, den Coaches und den insgesamt strukturellen Herausforderungen des Kursformats.

Das starke Interesse der TN am Kurs kann auf ihre ausgeprägte Musikaffinität und die zentrale Rolle der Musik in ihrem Alltag zurückgeführt werden.

J. Falk, *Songwriting in der ambulanten, adjuvanten Borderline-Therapie*, BestMasters, https://doi.org/10.1007/978-3-658-49411-7_6

Laut Derrington (2005, S. 68), erklärt der Bezug zur Musik und das popkulturelle Umfeld, warum Songwriting von Jugendlichen als natürlich empfunden wird und besonders gut funktioniert. Diese Faktoren trugen erheblich zur hohen Qualität der erstellten Songs und Songtexte bei. Zudem weist das große Interesse an kreativen Therapieformen darauf hin, dass es vor allem im Bereich adjuvanter Therapien einen erhöhten Bedarf gibt. Marese (2020) unterstreicht dies, indem er Kliniken und Therapeuten empfiehlt, bessere adjuvante Behandlungsangebote und Konzepte zu entwickeln, die sicherstellen, dass Patienten ihr Selbstkonzept und ihre Identität wiederfinden. Gleichzeitig könnte die Musikaffinität und die musikalischen Vorerfahrungen der TN erklären, warum sich die Mehrheit von ihnen nur teilweise herausgefordert fühlte. Das deutet darauf hin, dass der Kurs noch mehr Potenzial für intensivere Herausforderungen und eine differenziertere Förderung bietet.

Ein wiederkehrendes Thema in den Rückmeldungen sowohl von TN als auch von den Coaches war die unregelmäßige Teilnahme einiger. Die TN berichteten, dass die hohe Fluktuation ihre Motivation und das Gruppengefühl beeinträchtigte und den kontinuierlichen Ablauf des Kurses erschwerte. Aus Sicht der Therapeutinnen könnte die Wechselwirkung zwischen Freiheit und Struktur im Kursformat ein ausschlaggebender Faktor gewesen sein. Während das offene Kursdesign die kreative Entfaltung förderte, zeigte sich, dass einige TN durch das Format überfordert waren, was vereinzelt zu Kursabbrüchen führte. Um das Commitment der TN zu erhöhen, empfahlen die Therapeutinnen, den Kurs wöchentlich durchzuführen und die Sitzungsdauer von 90 Minuten auf 2 Stunden zu verlängern.

Sowohl die TN als auch die Coaches äußerten, dass der Kurs nicht genügend Zeit bot, um bestimmte Themen in der gewünschten Tiefe zu behandeln. Der Zeitdruck hinderte einige TN daran, in einen kreativen Flow zu kommen, weshalb die Mehrheit der TN den Wunsch äußerte, den zeitlichen Umfang des Kurses zu erweitern und von einem 14-tägigen auf einen wöchentlichen Zyklus umzustellen.

Eine verbesserte Planung und Koordination der einzelnen Sessions, insbesondere hinsichtlich der Verteilung der TN auf die Coaches sowie der inhaltlichen Gestaltung, wurde auch in den Freitextantworten der TN thematisiert. Die Therapeutinnen führten dies auf das erhöhte Sicherheitsbedürfnis von BPS-Betroffenen zurück, da Unsicherheiten und Unvorhergesehenes Schamgefühle auslösen.

Zusammenfassend lässt sich sagen, dass die kontextuellen Faktoren des Kurses die Motivation, das Gruppenklima und das Sicherheitsgefühl der TN beeinflussten. Diese Faktoren erwiesen sich als hinderlich und schränkten die Wirksamkeit des Songwriting-Projekts ein. Um die Potenziale des Songwritingkurses voll auszuschöpfen, das Engagement der TN langfristig zu sichern, den Kursablauf kohärenter zu gestalten und eine nachhaltige therapeutische Wirkung zu erzielen, ist eine strukturelle und organisatorische Optimierung erforderlich. Eine engere Abstimmung zwischen den Anforderungen der TN, den organisatorischen Rahmenbedingungen sowie ein intensiverer Austausch beider Institutionen ist hier entscheidend.

In der Praxis könnte ein strukturierter Beginn und Abschluss positive Effekte auf das Wohlbefinden und das Sicherheitsgefühl der Patient*innen haben. Regelmäßige Feedbackrunden am Ende jeder Sitzung wären außerdem dabei hilfreich, Kursinhalte kontinuierlich an die Bedürfnisse der TN anzupassen und deren Engagement zu fördern. Die Moderation und Gestaltung des Beginns und Abschlusses einer Sitzung könnten zukünftig von projektbegleitenden Therapeut*innen übernommen werden.

6.2 Emotionale und soziale Wirkfaktoren

Eine stärkere Fokussierung auf Gruppensessions anstelle von Einzelarbeiten wurde von mehreren TN thematisiert. Um das Gemeinschaftsgefühl zu stärken und die Zusammenarbeit zu fördern, wurde der Wunsch nach mehr Austausch innerhalb der gesamten Gruppe geäußert. Das deckt sich mit den Beobachtungen und den Interviewaussagen der Therapeutinnen in Bezug auf die Gruppendynamik und das Gruppenklima. Die o. g. Verbesserungsvorschläge hinsichtlich eines routinierten Ablaufs könnten sich in diesen Aspekten ebenfalls als hilfreich erweisen.

6.2.1 Der Wert der Beziehung

Die Atmosphäre des Kurses sowie die fachliche und soziale Kompetenz der Coaches wurden von allen TN positiv hervorgehoben. Dies deutet auf eine erfolgreiche Schaffung einer unterstützenden Umgebung hin und unterstreicht zugleich die Bedeutung einer vertrauensvollen Beziehung für die TN. Vertrauen ist nach Kraus (2019) ein zentraler Faktor in der Musiktherapie, um nachhaltige Veränderungen zu ermöglichen. Besonders bei Patient*innen mit Persönlichkeitsstörungen, die häufig eine Distanz zur Gesellschaft empfinden, ist eine positive therapeutische Beziehung von großer Relevanz (Kraus, 2019). Dieser Sachverhalt zeigt Parallelen zur DBT-Therapie, in der Therapeut und Patient als Team zusammenarbeiten und der Therapeut die Rolle eines Coachs übernimmt (Sutor,

2022). Dieses Vertrauensverhältnis schafft die Basis für anstehende Veränderungsprozesse (Renneberg et al., 2010). Der co-kreative Ansatz des Kursformats, den Coach 1 im Interview als ein konstruktives Zusammenspiel von Geben und Nehmen beschreibt, bei dem Neugier und Freude am Prozess zentrale Elemente darstellen, kann auf Basis des Feedbacks der TN als gelungen bewertet werden. Die Tatsache, dass die Mehrheit der TN eine Wiederholung des Kurses befürwortet und diesen trotz Optimierungsbedarf anderen Patient*innen weiterempfehlen würde, zeugt sowohl von der Qualität des Kurses als auch von der subjektiv wahrgenommenen positiven Wirkung auf die TN. Die positiven Auswirkungen bestätigen ebenso die Beobachtungen der projektbegleitenden Therapeutinnen in Interview 01.

6.2.2 Selbstbild und Identitätsbildung

Nach Marese (2020) trägt Songwriting bei Patient*innen mit einer Persönlichkeitsstörung zu einer besseren Genesung und Wiederentdeckung des Selbstbildes und der Identität bei, da es die Konfrontation mit Krisen, die Auseinandersetzung mit den eigenen Erfahrungen und der eigenen Identität impliziert (Eickholt, 2017). Durch das Schreiben von Songtexten und das Reflektieren über persönliche Themen können Patient*innen ihr Selbstbild eruieren und neu justieren. Songwriting unterstützt die Erkundung des eigenen *Ichs* und seiner Beziehungen zu anderen (Derrington, S 68). Dieser Prozess, an dessen Ende ein künstlerisches Werk steht, erzeugt weitere Sekundäreffekte. Er ermöglicht ihnen zum einen, ihre Gefühle und Gedanken auszudrücken und zum anderen das Erleben von Erfolgserlebnissen, die wiederum das Selbstwertgefühl und das Selbstvertrauen stärken. Dies bestätigen die Ergebnisse der Items Nr. 27. & 30. im Fragebogen hinsichtlich der Erfolgserlebnisse und Erfahrungen des emotionalen Ausdrucks im Verlauf des Kurses. Diese Erfahrungsmöglichkeit ist im Kontext einer BPS-Erkrankung von besonderer Bedeutung. Patient*innen mit BPS fehlt häufig das Erleben einer stabilen Identität; das Gefühl, eine kohärente und integrierte Persönlichkeit zu sein, ist bei ihnen häufig nicht vorhanden (Sutor, 2022). Es ist daher wenig überraschend, dass eine oft gestellte Frage von BPS-Betroffenen lautet: „Wer bin ich?“ Diese Frage wurde auch im Songtext „Reise zum Ich“ thematisiert, der von einer Teilnehmerin des Kurses verfasst und für die Auswertung herangezogen wurde. Die künstlerische Ausdruckskraft und die Emotionalität dieses Textes ermöglichen es den Rezipienten auf eindrucksvolle Weise, einen tiefen Einblick in die Gefühlswelt eines Menschen mit BPS zu gewinnen. Angesichts dieser oft erlebten emotionalen *„Achterbahnfahrt“*, wie im Songtext beschrieben, sind die abschließenden Aussagen des Textes hinsichtlich der Akzeptanz und Selbstermächtigung besonders bemerkenswert. Das von Coach 2 und den Therapeutinnen betonte Potenzial, das in der Schaffung eines Songs zur Selbstexpression und Selbstreflexion liegt, kann aus der Sicht eines professionellen Songwriters als gelungen betrachtet werden.

6.2.3 Selbstausdruck

Die Ergebnisse der Items zur Verarbeitung von Gefühlen und Gedanken sowie zur Perspektive auf die eigene Situation (Item Nr. 31 & 32) wirken zu den o. g. Erläuterungen zunächst widersprüchlich. Sie lassen zwar erkennen, dass der Songwriting-Prozess den TN beim Verarbeiten von Gefühlen und Gedanken *„teilweise“* hilfreich war, zeigen aber auch, dass hier noch Entwicklungspotenzial besteht. Der vermeintliche Widerspruch wird noch kryptischer, wenn man die im Kurs entstandenen Songtexte analysiert. Denn wie bereits erwähnt beschreiben die Texte deutlich, dass hier Gefühle und Gedanken verarbeitet wurden, nur wurde dieser Prozess offensichtlich nicht als *„hilfreich“* empfunden. Ein zunächst plausibler Grund könnte in einer missverständlichen Formulierung und Fehlinterpretation der Aussage liegen, die zu einer Verzerrung des Ergebnisses geführt hat. Naheliegender ist jedoch, dass die für die TN neue Ausdrucksform bisher noch kein Gefühl der Vertrautheit vermittelte und die Erfahrung fehlte, diese als hilfreich anzusehen. Eine sinnvolle Erklärung kann die Verknüpfung zur DBT-Therapie liefern. Im Sinne des DBT-Skills-Trainings kann der Songwriting-Prozess respektive das Schreiben eines Songtextes in die Kategorie der kognitiven und sensorischen Skills zugeordnet werden. Der co-kreative Prozess im Rahmen des Kursformates zusätzlich als zwischenmenschlicher Skill. Zu Beginn des Skill-Trainings geht es zunächst darum herauszufinden, welche Möglichkeiten genutzt werden können. Es ist nicht ungewöhnlich, dass Patient*innen zunächst keine Verbesserung wahrnehmen und sich sogar schlechter fühlen als zuvor, da die Reaktionsmuster von Menschen mit BPS stark mit ihrem emotionalen Zustand verknüpft sind (Sendera & Sendera, 2016). Daher spielen das kontinuierliche Üben und Wiederholen von Fähigkeiten eine entscheidende Rolle für die erfolgreiche Integration und Anwendung im Alltag von BPS-Patient*innen. (Sutor, 2022). Im Rahmen des Kursformats kann es für die TN daher von Vorteil sein, wenn die Coaches das Songwriting als ein mögliches Skill-Tool vermitteln. Des Weiteren wäre es wichtig, die Ziele des Prozesses klar zu kommunizieren und die TN zu ermutigen, das Erlernte regelmäßig in ihren Alltag zu integrieren und anzuwenden. Wenn Linehan das Skills-Training metaphorisch als Tonmasse beschreibt, aus dem Therapeut und Patient gemeinsam eine Figur formen können (Sendera & Sendera, 2016), dann wird dieser Akt im co-kreativen Songwriting-Prozess auf greif- und hörbare Weise Realität.

6.2.4 Selbstwirksamkeitserleben und Lebenskompetenzen

Die Freitextantworten der TN verdeutlichen, dass sie im Verlauf des Kurses Selbstwirksamkeit erfahren haben. Positive mentale und soziale Erfahrungen, die Entwicklung und Umsetzung eigener Ideen, das Erkennen und Nutzen eigener Stärken und das Ausprobieren neuer Ansätze wurden dabei als zentrale Aspekte hervorgehoben. Selbstwirksamkeit nach Brinkmann (2014) beschreibt die subjektive Überzeugung, eine gewünschte Handlung mit eigenen Kompetenzen erfolgreich bewältigen zu können. Das erlebten die TN ganz praktisch, indem sie die Herausforderung, einen Song zu schreiben annahmen, trotz zwischenzeitlicher Frustration dranblieben, um am Ende ein fertiges, greifbares Produkt zu haben. Der Song war gleichzeitig Motivations- und Zielobjekt, der es ihnen ermöglichte, Erfolgserlebnisse zu erfahren und Selbstwirksamkeit zu erleben. Dies wird durch Item Nr. 33 deutlich, welches zeigt, dass es der Mehrheit der TN wichtig war, am Ende des Kurses einen fertiggestellten Song zu präsentieren.

Des Weiteren zeigen die Auswertung der Stundenprotokolle sowie die Interviews mit den Coaches, dass die TN im Verlauf des Kurses anfängliche Scham, Hemmungen und Skepsis überwinden konnten und durch eine positive Herangehensweise ihr Selbstwirksamkeitserleben gestärkt wurde (Rönnau-Böse & Fröhlich-Gildhoff, 2015). Das ist insofern besonders positiv zu bewerten, da Scham in der Lebenswelt eines BPS-Patienten das zentrale Gefühl darstellt und als Prädiktor für Therapieabbruch, Selbstverletzung und Suizidalität gilt. Neues auszuprobieren, wie im Kurs geschehen, ist für BPS-Patient*innen oft mit Scham verbunden und erfordert erheblichen Mut, insbesondere in Anwesenheit anderer Menschen (Sutor, 2022). Das Lob der Coaches anzunehmen fiel den TN daher schwer (Item Nr. 28), da Lob ebenso häufig nicht mit Stolz sondern mit Scham in Verbindung gebracht wird. Dennoch haben die musikalischen Erfahrungen der TN während des Kurses dazu beigetragen, Scham zu überwinden. Doch die Bedeutung des Selbstwirksamkeitserlebens für die TN geht über den Kurs hinaus. Nach Bühler und Heppekausen (2005) sind Lebenskompetenzen und Selbstwirksamkeit eng miteinander verwoben. Lebenskompetent ist laut WHO, wer sich selbst kennt und mag, empathisch ist, kritisch und kreativ denkt, kommunizieren und Beziehungen herbeiführen kann, durchdachte Entscheidungen trifft, erfolgreich Probleme löst, Gefühle und Stress bewältigen kann (Weisen et al., 1994). Ein starkes Gefühl von Selbstwirksamkeit fördert also die Bereitschaft, neue Kompetenzen zu entwickeln und sich neuen Herausforderungen zu stellen, wodurch ein positiver Kreislauf entsteht. Der Songwriting-Prozess bietet dieses Potenzial. Roos und Wieczorek (2021) bezeichnen die Kombination von Selbstwirksamkeit und Musik als ein vielversprechendes Duett, was die in diesem Kurs gewonnenen Erkenntnisse weiter untermauert.

6.3 Methodologische Wirkfaktoren und Potenziale

Die Auswertung der Onlinebefragung zu den angewandten Methoden und Techniken (Items 12–15) ergab ein differenziertes Bild. Die Mehrheit der TN empfand die grundlegenden Erklärungen der Coaches als teilweise verständlich, was darauf hindeutet, dass die Vermittlung der Inhalte insgesamt erfolgreich war, jedoch noch Raum für klarere oder vielfältigere Erklärungsansätze lässt.

Die Mehrheit der TN verspürte eine gewisse emotionale Wirkung durch das Improvisieren von Melodien (Item 13). Die in Interview 01 von Coach 1 genannten Erfahrungen innerhalb des Kurses unterstreichen dieses Ergebnis und sind von besonderer Bedeutung, da die TN sehr individuell und positiv auf die unterschiedlichen Kompositionsansätze reagierten. Jedoch darf nicht außer Acht gelassen werden, dass niemand der Aussage *„voll und ganz"* zustimmte. Dies könnte darauf hindeuten, dass das Improvisieren als Methode nicht bei allen TN gleichermaßen emotionale Resonanzen hervorgerufen hat. Ein möglicher Ansatzpunkt zur Verbesserung könnte darin bestehen, die emotionale Beteiligung durch gezielte Anpassungen der Methode zu verstärken. Wie bereits erwähnt, könnte die Bewertung auch auf eine mangelnde Vertrautheit und fehlende Routine im Umgang mit der für die TN neuartigen Methode zurückzuführen sein.

Die überwiegende Mehrheit der TN empfand die Arbeit mit der Loopstation als förderlich für ihre Kreativität, was auf die positive Wirkung dieses Werkzeugs hinweist. Allerdings wurde kein vollständiger Konsens erreicht, was darauf schließen lässt, dass nicht alle TN das kreative Potenzial dieser Methode vollständig ausgeschöpft haben. Eine intensivere Einbindung der TN in die praktische Umsetzung und Anwendung könnte dieses Defizit möglicherweise ausgleichen.

Die Anwendung der Kreativkarten bei der Textentwicklung wurde von der Hälfte der TN als sehr hilfreich eingeschätzt. Dies wird auch durch zwei im Rahmen des Kurses entstandene Songtexte bestätigt, die anhand dieser Methode entwickelt und in die Analyse der Forschung einbezogen wurden (siehe Textanalyse zu „Reise zum Ich“ und „A Simple Yes or No“). Ein Drittel der TN nahm diesbezüglich eine neutrale Haltung ein, was plausibel erscheint, da nicht alle TN Songtexte verfassten. Es könnte jedoch sinnvoll sein, alternative Methoden zur Textentwicklung, wie beispielsweise kurze Schreibübungen anzubieten und den TN anschließend die Wahl zu lassen, welche Methode sie für ihren Songtext bevorzugen. Dadurch könnten potenziell unterschiedlichen Präferenzen und Anforderungen der TN besser berücksichtigt werden.

Die von Coach 1 in Interview 01 hervorgehobenen Potenziale, die in der formalen Struktur und den Prozessen des Songwritings liegen, wurden auch von den Therapeutinnen in Interview 01 bestätigt. Musik bietet insbesondere für Menschen mit psychischen Störungen wertvolle Lösungsansätze, da sie Prozesse zur Mentalisierung von Emotionen fördert. Der strukturierte, aber dennoch flexible Prozess des Songwritings kann dabei helfen, emotionales Chaos zu ordnen und Wesentliches von Unwesentlichem zu unterscheiden. Dies unterstreichen die Beobachtungen von Coach 2, die auf den Stundenprotokollen und den Erkenntnissen aus Interview 02 basieren. Hieraus geht hervor, dass die TN die formalen Prozesse schnell adaptierten und anwendeten, wobei es ihnen nach anfänglichen Schwierigkeiten leichtfiel, ihre zentralen Inhalte aus einem Brainstorming-Dokument zu sortieren und ihre Emotionen gezielt in eine Songstruktur zu überführen. Der Songwriting-Prozess bot ihnen eine Balance zwischen Struktur und Freiraum, die sich als förderlich für Menschen mit BPS erwies.

6.4 Limitationen

Die Doppelrolle des Forschers und Coach 2, wie im Methodenkapitel beschrieben, kann eine Limitation hinsichtlich der Objektivität, der Reaktivität der TN und der Interpretation der Ergebnisse dieser Forschung darstellen. Eine höhere Anzahl an TN wäre wünschenswert gewesen, da dies die Aussagekraft der Ergebnisse verstärkt hätte. Angesichts der hohen Drop-out-Quote wäre es für diese Forschung von Interesse gewesen, die Gründe für den Kursabbruch zu erfahren. Darüber hinaus wären rückblickend Gruppen- oder Einzelinterviews mit den TN vorzuziehen gewesen, insbesondere im Hinblick auf ihr emotionales Erleben, die angewandten Methoden und ihre sozialen Erfahrungen im Verlauf des Kurses. Zwar erwies sich die Onlinebefragung in der praktischen Umsetzung als vorteilhaft, jedoch war eine tiefgehende Exploration der Themen nur eingeschränkt möglich. Schließlich stellt das nicht beantwortete schriftliche Interview von Coach 3 eine methodische Lücke dar, die die Analyse potenziell beeinflusst.

7 Résumé und Ausblick

In der vorliegenden Arbeit wurden die Wirkfaktoren und Potenziale des Songwritings im Rahmen des interdisziplinären Projekts zwischen dem Zentralinstitut für Seelische Gesundheit (ZI) und der Popakademie Mannheim untersucht. Durch die Analyse und Auswertung der erhobenen Daten konnten die Wirkfaktoren identifiziert und in drei Hauptkategorien eingeordnet werden, was für die Interpretation der Ergebnisse von Bedeutung war. Aus der Perspektive des Forschers und professionellen Musikers konnte die Arbeit aufzeigen, dass der Songwriting-Prozess positive Effekte auf das subjektive Erleben von Patient*innen mit Borderline-Persönlichkeitsstörung (BPS) hat. Der Songwriting-Prozess bot den Patient*innen nicht nur die Möglichkeit, ihre sozialen Interaktionen zu verbessern, komplexe emotionale Zustände in einer künstlerischen Form auszudrücken, ihr Selbstbild zu reflektieren und zu korrigieren, Schamgefühle zu überwinden und Selbstwirksamkeit zu erfahren, sondern zeigte auch das Potenzial auf, neue Lebenskompetenzen zu entwickeln, die auf andere Lebensbereiche übertragbar sind. Die Ergebnisse zeigten ebenso, dass der formale und strukturierte Prozess des Songwritings besonders gut auf die Bedürfnisse von BPS-Patient*innen abgestimmt ist, da er eine ausgewogene Balance zwischen kreativer Freiheit und notwendiger Struktur bietet. Zudem erweist sich der Bezug zur Musik und das popkulturelle Umfeld als vorteilhaft, insbesondere für jüngere Patient*innen im adoleszenten Alter. Songwriting wird in dieser Altersgruppe als eine natürliche und vertraute Ausdrucksform wahrgenommen, was seine Wirksamkeit als therapeutische Maßnahme zusätzlich unterstützt und es als gezielte Intervention besonders geeignet erscheinen lässt (Derrington, S. 68).

Die Evaluation des Projekts identifizierte auch Herausforderungen, Schwächen sowie strukturelle und kontextuelle Nachteile, die bei einer Fortführung des Programms berücksichtigt werden sollten. Trotz des erkannten Optimierungsbedarfs überwiegen die Vorteile des Kursformats und seiner Inhalte, was dessen Potenzial

J. Falk, *Songwriting in der ambulanten, adjuvanten Borderline-Therapie*, BestMasters, https://doi.org/10.1007/978-3-658-49411-7_7

unterstreicht, mittel- bis langfristig als adjuvante Maßnahme in die therapeutische Behandlung integriert zu werden. Das entwickelte Konzept stellt hierbei eine potenzielle Option dar.

Die Berufsfelder des professionellen Popmusikers und der Musiktherapie waren bislang klar getrennt, da letzteres eine spezialisierte therapeutische Ausbildung voraussetzt. In diesem interdisziplinären Pilotprojekt verschwimmen nun die Grenzen, wodurch sich neue Möglichkeiten und Ansätze ergeben, aber wie bereits erwähnt, auch Herausforderungen auftreten. Die neuartigen Anforderungen machen eine Anpassung der Denkweise und Einstellung professioneller Musiker*innen erforderlich. Es ist anzunehmen, dass nur eine Minderheit der Musiker*innen die Bereitschaft oder Affinität besitzt, ihre künstlerischen Fähigkeiten in einem therapeutischen Kontext einzusetzen. Hier kommt die Popakademie als kreatives Kompetenzzentrum ins Spiel. Mit ihrem Masterstudiengang „Educating Artist" schließen jedes Jahr Studierende ab, die sowohl eine hohe und professionelle musikalische Kompetenz aufweisen als auch eine Expertise im pädagogischen Bereich und in der Vermittlung von Popmusik besitzen. Dieses interdisziplinäre Wissen und die praxisorientierte Ausbildung der Absolvent*innen bieten ein großes Potenzial, um die Schnittstellen zwischen Musik und Therapie zumindest regional innovativ zu besetzen und weiterzuentwickeln. Das Format könnte in überarbeiteter Form auch überregional an Standorte übertragen werden, an denen vergleichbare Rahmenbedingungen wie in Mannheim vorliegen, d. h. wo eine enge Kooperation zwischen einer klinischen Einrichtung und einer professionellen Ausbildungsstätte für Songwriter*innen sowie Musiker*innen möglich ist. Es stellt sich jedoch die Frage, wie das Potenzial des Songwritings genutzt werden kann, wenn die genannten Rahmenbedingungen nicht vorhanden sind. In diesem Zusammenhang erscheint die Empfehlung von Constantin (2017) sinnvoll, Musiktherapeut*innen in allen Bereichen des Musizierens, also auch dem Songwriting, ebenso professionell auszubilden, wie es bei der Ausbildung von Profimusiker*innen der Fall ist. Dies könnte beispielsweise durch externe Fortbildungen oder die Integration entsprechender Lerninhalte in die Ausbildungsprogramme der zuständigen Institute erfolgen.

Mit dem in dieser Forschung durchgeführten und analysierten interdisziplinären Projekt wurde therapeutisches Neuland betreten. Obwohl es bereits Forschungen, Studien und Programme zur Wirksamkeit von Musiktherapie in der Behandlung von Persönlichkeitsstörungen gibt, wie etwa die Studie *„Rocken statt Ritzen"* von Plener et al. (2014), fehlen spezifische Untersuchungen zur Wirksamkeit des Songwriting-Prozesses im deutschsprachigen Raum weitgehend. Auf Basis der vorliegenden Untersuchung ergeben sich unterschiedliche Ansatzpunkte für weiterführende Forschungsstudien. Da es sich bei der vorliegenden

Arbeit nicht um eine klinische Untersuchung handelt, wäre als nächster Schritt die Durchführung einer empirischen Studie mit Prä- und Post-Diagnostik sowie einer Vergleichsgruppe sinnvoll, um die Langzeiteffekte und die Auswirkungen des Songwriting-Prozesses auf die emotionale Regulation von BPS-Betroffenen zu analysieren.

Gleiches gilt in Bezug auf die Wirksamkeit von Musik und deren Einfluss auf die Neurogenese. Aktuelle Forschungen im Bereich der Musiktherapie greifen auf moderne Messmethoden und neurowissenschaftliche Erkenntnisse zurück, um die therapeutischen Vorteile dieser Intervention zu untersuchen. Der Fokus liegt dabei auf der Quantifizierung individueller Verhaltensveränderungen, was die Musiktherapie als wirksame Behandlungsmethode für verschiedene psychische Störungsbilder belegt (Constantin, 2017). Laut Constantin (2017) beschränken sich aber viele dieser Studien auf das Hören von Musik im Allgemeinen, sprich auf das passive rezeptive Erleben von Musik. Eine Studie zum aktiven expressiven Erleben wäre an dieser Stelle von großem Interesse, um zu untersuchen, inwieweit der Songwriting-Prozess die Neuroplastizität des Gehirns fördert.

Prof. Dr. Harm Willms, Mitbegründer der Deutschen Musiktherapeutischen Gesellschaft (DGMT) stellt in seinem Essay „*Vom musikalisch Schönen und seiner Bedeutung für die menschliche Seele*“ die Frage, ob Musik ein Heilmittel gegen Krankheiten sein kann oder doch nur Balsam für die Seele sei (Harms, 1987). Obwohl Harms maßgeblich an der Entwicklung der Grundstrukturen der musiktherapeutischen Ausbildung beteiligt war (Dülberg, 2023, S. 153), stellte er infrage, ob Musik tatsächlich zu einer Verhaltensänderung führen kann, die neue Möglichkeiten der Lebens- und Konfliktbewältigung eröffnet und dabei hilft, Krankmachendes zu überwinden (Harms, 1987). Für ihn war Musik lediglich ein Medium, das emotionale Spannungen lindern und den Patient*innen ein Gefühl des Wohlbefindens vermitteln kann. 37 Jahre später, angesichts der neuesten Erkenntnissen der neurologischen Forschung, haben diese Zweifel jedoch keinen Bestand mehr. Bisherige Forschungen zu musiktherapeutischen Interventionen haben umfassend gezeigt, dass Musik weit über die bloße emotionale Entlastung hinausgehen kann und signifikante Auswirkungen auf die psychische und physische Gesundheit hat. Ähnlich sollte das kreative Potenzial des Songwritings, das zusätzlich Prozesse der Selbstreflexion, Identitätsbildung und emotionalen Verarbeitung anregt, empirisch evaluiert werden. Es ist daher wünschenswert, dass wissenschaftlich-klinische Studien auch die Wirkungen des Songwritings systematisch untersuchen und deren Effektivität belegen, wie es für musiktherapeutische Interventionen bereits vielfach geschehen ist.

Quellenverzeichnis

Bundesarbeitsgemeinschaft Musiktherapie. (2019). *Berufsbild Musiktherapie der Bundesarbeitsgemeinschaft Musiktherapie Federal Association of Music Therapy.* https://bag-musiktherapie.de/dokumente

Bateman, A. W. (2011). Borderline personality disorder. In J. C. Norcross, G. R. VandenBos, & D. K. Freedheim (Eds.), *History of psychotherapy: Continuity and change* (2nd ed., pp. 588–600). American Psychological Association. https://doi.org/10.1037/12353-037

Barz, H. (2021). *Die wirtschaftliche und soziale Situation freischaffender Musikpädagog*innen und Musiker*innen in NRW.* https://www.lmr-nrw.de/publikationen/online/berufsmusik

Baur, N., & Blasius, J. (2022). *Handbuch Methoden der empirischen Sozialforschung: Bd. 3. Auflage.* Springer VS. https://doi.org/10.1007/978-3-658-37985-8

Bernatzky, G. & Kreutz, G. (2024). *Musik und Medizin: Chancen für Therapie, Prävention, Rehabilitation und Bildung.* Springer-Verlag. https://doi.org/10.1007/978-3-662-67506-9

Bohus, M. (2019). *Borderline-Störung: Bde. 2., Auflage.* Hogrefe Verlag GmbH & Co. KG. https://doi.org/10.1026/02853-000

Böhmert & Abacioglu (2023). Grundlagenbeitrag: Quantitative Befragung. In Niemann, P., Van den Bogaert, V., & Ziegler, R. (2023). *Evaluationsmethoden der Wissenschaftskommunikation* (S. 69–84). Springer VS. https://doi.org/10.1007/978-3-658-39582-7

Brinkmann, R. D. (2014). *Angewandte Gesundheitspsychologie.* Pearson Verlag.

Bühler, A., & Heppekausen, K. (2005). *Gesundheitsförderung durch Lebenskompetenzprogramme in Deutschland.* Bundeszentrale für gesundheitliche Aufklärung (BZgA). http://www.bzga.de

Constantin, F. A. (2017). Music Therapy explained by the Principles of Neuroplasticity. *Journal Of The American Romanian Academy Of Arts And Sciences, 84–87.* https://doi.org/10.14510/araj.2017.4113

Derrington, P. (2005). Teenagers and Songwriting: Supporting Students in a Mainstream Secondary School. In Baker, F. & Wigram, T. *Songwriting: Methods, Techniques and Clinical Applications for Music Therapy Clinicians, Educators and Students* (S. 68–81). Jessica Kingsley Publishers.

Dülberg, P. D. (2023). Dem Zeitgeist entsprach die freie Entfaltung. *Musiktherapeutische Umschau, 44*(2), 148–154. https://doi.org/10.13109/muum.2023.44.2.148

J. Falk, *Songwriting in der ambulanten, adjuvanten Borderline-Therapie*, BestMasters, https://doi.org/10.1007/978-3-658-49411-7

Eickholt, J. (2017). Musiktherapeutisches Songwriting. *Musiktherapeutische Umschau, 38*(1), 17–27. https://doi.org/10.13109/muum.2017.38.1.17

Gasenzer, E. R. & Neugebauer, E. A. M. (2011). Die Beziehung von Musik und Medizin in Geschichte und Gegenwart. *DMW – Deutsche Medizinische Wochenschrift, 136*(51/52), 2644–2651. https://doi.org/10.1055/s-0031-1292878

Greene, G. (1981). *Fluchtwege.* Zsolnay Verlag.

Gold, C., Voracek, M. & Wigram, T. (2004). Effects of music therapy for children and adolescents with psychopathology: a meta-analysis. *Journal Of Child Psychology And Psychiatry, 45*(6), 1054–1063. https://doi.org/10.1111/j.1469-7610.2004.t01-1-00298.x

Gross, Sally & Musgrave, George. (2016). *Can Music Make You Sick*? A study into the incidence of musicians' mental health – Part 1: Pilot Survey Report. https://westminsterresearch.westminster.ac.uk/item/q33qy/can-music-make-you-sick-part-1-a-study-into-the-incidence-of-musicians-mental-health

Gross, S. A. & Musgrave, G. (2020). *Can Music Make You Sick? Measuring the Price of Musical Ambition.* https://doi.org/10.16997/book43

Hohmann, S., Enning, F., Trasselli, C. *et al.* Behandlung von Störungen der Emotionsregulation im Adoleszentenzentrum am Zentralinstitut für Seelische Gesundheit. *Nervenarzt* 92, 670–678 (2021). https://doi.org/10.1007/s00115-021-01152-7

Hüther, G. (2011). *Was wir sind und was wir sein könnten: Ein neurobiologischer Mutmacher.* S. Fischer Verlag.

King, S. (2000). *On Writing_ A Memoir of the Craft – Stephen King.* Simon & Schuster.

Kirchner, A. (1684). *Neue Hall- und Thon-Kunst, Oder Mechanische Gehaim-Verbindung der Kunst und Natur, durch Stimme und Hall-Wissenschafft gestifftet.* http://digital.slub-dresden.de/id278980597

Knapp, V. & van den Bogaert, V. (2023). Praxisbeitrag: Quantitative Befragung. In Niemann, P., Van den Bogaert, V., & Ziegler, R. (2023). *Evaluationsmethoden der Wissenschaftskommunikation* (S. 85–104). Springer VS. https://doi.org/10.1007/978-3-658-39582-7

Kölsch, S. (2019). *Good vibrations: Die heilende Kraft der Musik.* Ullstein Buchverlage.

Krauss, Z. (2019). The Effects of Music Therapy on Individuals Suffering from Psychiatric Disorders: A Literature Review and Look into Future Prospects. *Musical Offerings, 10*(2), 61–80. https://doi.org/10.15385/jmo.2019.10.2.2

Kreutz, G. (2024). Gesundheitliche Aspekte des Laiensingens. In Bernatzky, G. & Kreutz, G. (Hrsg.), *Musik und Medizin: Chancen für Therapie, Prävention, Rehabilitation und Bildung* (2.Aufl., S. 407–419). Springer Verlag. https://doi.org/10.1007/978-3-662-67506-9

Marese, B. R. (2020). *The Effect of Songwriting on Identity Formation After a Diagnosis of Bipolar Disorder.* DigitalCommons@Lesley. https://digitalcommons.lesley.edu/expressive_theses/338/

Mayring, P. & Fenzel, T. (2022). Qualitative Inhaltsanalyse. In Baur, N. & Blasius, J. *Handbuch Methoden der empirischen Sozialforschung* (S. 691–706). https://doi.org/10.1007/978-3-658-37985-8

Metag, J. & Scheu, A. M. (2023). Grundlagenbeitrag: Qualitative Befragung im Kontext von Wissenschaftskommunikation. In Niemann, P., Van den Bogaert, V., & Ziegler, R. (2023). *Evaluationsmethoden der Wissenschaftskommunikation* (S. 105–116). Springer VS. https://doi.org/10.1007/978-3-658-39582-7

Plener, P. L., Sukale, T., Groschwitz, R. C., Pavlic, E. & Fegert, J. M. (2013b). „Rocken statt Ritzen“. *Psychotherapeut, 59*(1), 24–30. https://doi.org/10.1007/s00278-013-1023-3

Reckwitz, A. (2012). *Die Erfindung der Kreativität: Zum Prozess gesellschaftlicher Ästhetisierung.* Suhrkamp Verlag.

Renneberg, B., Schmitz, B., Doering, S., Herpertz, S. & Bohus, M. (2010). Behandlungsleitlinie Persönlichkeitsstörungen. *Psychotherapeut, 55*(4), 339–354. https://doi.org/10.1007/s00278-010-0748-5

Reimer, S. & Kupski, G., (2021). Affektregulation. In Decker-Voigt, H. & Weymann, E. *Lexikon Musiktherapie.* Hogrefe Verlag GmbH & Company KG.

Roden, I. Bongard, S., Kreutz, G. (2024). Musik und Emotionsregulation bei Kindern und Jugendlichen. In Bernatzky, G. & Kreutz, G. (Hrsg.), *Musik und Medizin: Chancen für Therapie, Prävention, Rehabilitation und Bildung* (2.Aufl., S. 487–509). Springer Verlag. https://doi.org/10.1007/978-3-662-67506-9

Rolvsjord, R. (2005). Collaborations on Songwriting with Clients with Mental Health Problems. In Baker, F. & Wigram, T. *Songwriting: Methods, Techniques and Clinical Applications for Music Therapy Clinicians, Educators and Students* (S. 97–115). Jessica Kingsley Publishers.

Roos, S. & Wieczorek, M. (2021). Selbstwirksamkeit und Musik – Ein vielversprechendes Duett. *Gemeinsam Leben, 2,* 115–122. https://doi.org/10.3262/gl2102115

Rönnau-Böse, M. & Fröhlich-Gildhoff, K. (2015). *Resilienz und Resilienzförderung über die Lebensspanne.* Verlag W. Kohlhammer.

Ruud, E. (2005). Soundtracks of our life. In Baker, F. & Wigram, T. *Songwriting: Methods, Techniques and Clinical Applications for Music Therapy Clinicians, Educators and Students* (S. 9–11). Jessica Kingsley Publishers.

Sachs, Klaus-Jürgen, Art. *Komposition, Einführung in Gebrauch, Bedeutung und musikbezogene Implikationen des Wortes* in: *MGG Online*, hrsg. von Laurenz Lütteken, New York, Kassel, Stuttgart 2016ff., veröffentlicht November 2016, https://www-mgg-online-com.popakademie.idm.oclc.org/mgg/stable/11579

Sacks, O. (2006). The power of music. *Brain, 129*(10), 2528–2532. https://doi.org/10.1093/brain/awl234

Schmahl, C., Berne, K., Krause, A., Kleindienst, N., Valerius, G., Vermetten, E., Bohus, M., & -, B. (2009). *Hippocampus and amygdala volumes in patients with borderline personality disorder with or without posttraumatic stress disorder.* J Psychiatry Neurosci. https://www.jpn.ca/content/34/4/289.long

Sendera, A., & Sendera, M. (2016). *Skills-Training bei Borderline-und Posttraumatischer Belastungsstörung 4. Auflage.* https://doi.org/10.1007/978-3-662-49343-4

Spahn, C., Bernatzky, G., Kreutz, G. (2024). Musik und Medizin – ein Überblick. In Bernatzky, G. & Kreutz, G. (Hrsg.), *Musik und Medizin: Chancen für Therapie, Prävention, Rehabilitation und Bildung* (2.Aufl., S. 19–21). Springer Verlag. https://doi.org/10.1007/978-3-662-67506-9

Stegemann, T. & Schmidt H. U. (2024). Musiktherapie bei Kindern und Jugendlichen mit psychischen Problemen – eine Übersicht. In Bernatzky, G. & Kreutz, G. (Hrsg.), *Musik und Medizin: Chancen für Therapie, Prävention, Rehabilitation und Bildung* (2.Aufl., S. 227–250). Springer Verlag. https://doi.org/10.1007/978-3-662-67506-9

Stein, P. (2022). Forschungsdesings für die quantitative Sozialforschung. In Baur, N. & Blasius, J. *Handbuch Methoden der empirischen Sozialforschung* (S. 691–706). https://doi.org/10.1007/978-3-658-37985-8

Stiglmayr, C. (2020). Das ambulante Borderline-Netzwerk in Berlin. *Psychotherapie Forum, 24*(3–4), 139–145. https://doi.org/10.1007/s00729-020-00152-3

Stiglmayr, C. (2022). Borderline-Störung. In M. Linden & M. Hautzinger (Hrsg.), *Verhaltenstherapiemanual – Erwachsene. Psychotherapie: Praxis.* (S. 495–499). Springer Verlag. https://doi.org/10.1007/978-3-662-62298-8_81

Sutor, M. (2022). *Die Dialektisch Behaviorale Therapie (DBT) Neue DBT-orientierte diagnose-übergreifende Konzepte-Schwerpunkt Skills-Training: Bd. 5. Auflage.* Springer-Verlag GmbH Deutschland. https://doi.org/10.1007/978-3-662-64627-4

Taubner, S. (2020). Behandlung und Prävention von Borderline-Persönlichkeitsstörungen. *Psychotherapeut, 65*(5), 329–330. https://doi.org/10.1007/s00278-020-00449-3

Theorell, T. (2024). Epidemiologische Studien über Musik und Gesundheit. In Bernatzky, G. & Kreutz, G. (Hrsg.), *Musik und Medizin: Chancen für Therapie, Prävention, Rehabilitation und Bildung* (2.Aufl., S. 31–51). Springer Verlag. https://doi.org/10.1007/978-3-662-67506-9

Tweedy, J. (2022). *Wie schreibe ich einen Song.* Heyne Verlag.

Weisen, R. B., Orley, G. J., Evans, G. V., Lee, J., & Sprunger, B. (1997). *WHO Life Skills Education.* https://iris.who.int/handle/10665/63552

Weiß, A. (2023). Beobachtungen in der Evaluation von Wissenschaftskommunikation. In Niemann, P., Van den Bogaert, V., & Ziegler, R. (2023). *Evaluationsmethoden der Wissenschaftskommunikation* (S. 135–154). Springer VS. https://doi.org/10.1007/978-3-658-39582-7

Wigram, T. (2005). Songwriting Methods – Similarities and Differences: Developing a Working Model. In Baker, F. & Wigram, T. *Songwriting: Methods, Techniques and Clinical Applications for Music Therapy Clinicians, Educators and Students* (S.246–264). Jessica Kingsley Publishers.

Wigram T. & Baker, F. (2005). Songwriting as Therapy. In In Baker, F. & Wigram, T. *Songwriting: Methods, Techniques and Clinical Applications for Music Therapy Clinicians, Educators and Students* (S. 11–23, 246–264). Jessica Kingsley Publishers.

Willms, H. (1987). Vom musikalisch Schönen und seiner Bedeutung für die menschliche Seele. *Review of the Aesthetics and Sociology of Music, 18*(2), 259–268. https://doi.org/10.2307/836594

Ziegler, R., Hedder, I., Fischer, L. (2023). Herausforderungen der aktuellen Evaluationspraxis in der Wissenschaftskommunikation in Deutschland. In Niemann, P., Van den Bogaert, V., & Ziegler, R. (2023). *Evaluationsmethoden der Wissenschaftskommunikation* (S. 17–32). Springer VS. https://doi.org/10.1007/978-3-658-39582-7

Kolibri 360 GmbH
Ferdinand-Jühlke-Straße 7
99095 Erfurt, Deutschland
produktsicherheit@kolibri360.de